美国陆军情报
侦察研究

郝东白　著

Wuhan University Press
武汉大学出版社

图书在版编目（CIP）数据

美国陆军情报侦察研究/郝东白著.—武汉：武汉大学出版社，2023.6

ISBN 978-7-307-23705-6

Ⅰ.美… Ⅱ.郝… Ⅲ.陆军—军事侦察—研究—美国 Ⅳ.E87

中国国家版本馆CIP数据核字（2023）第070272号

责任编辑：周媛媛　孟跃亭　责任校对：牟　丹　版式设计：文豪设计

出版发行：**武汉大学出版社** （430072　武昌　珞珈山）

（电子邮箱：cbs22@whu.edu.cn　网址：www.wdp.com.cn）

印刷：三河市祥达印刷包装有限公司

开本：710×1000 1/16　　　印张：9.5　　　字数：136千字

版次：2023年6月第1版　　2023年6月第1次印刷

ISBN 978-7-307-23705-6　　定价：48.00元

前　言

知彼知己，百战不殆。情报侦察作为平战一体的先战之战，历来是塑造态势、慑止战争、打赢战争的"先锋利器"，关乎战争成败、军队兴衰和国家存亡。越是信息化、智能化作战，情报侦察越重要、越关键。美军作为当今世界第一军事力量，在情报侦察理论研究、能力建设和实践经验等方面居于世界领先地位。

本书按照"基本概念认知—主要发展历程—情报侦察体系—情报侦察流程—侦察组织实施—情报分析研判—情报分发共享—情报作战运用—主要强点评析"的研究思路，着重研究和探讨以下内容：第一章　美国陆军情报侦察基本认知，详细考察美国陆军情报侦察的概念内涵、职能任务和基本原则等基本内容，为深入研究奠定基础。第二章　美国陆军情报侦察发展历程，全面回顾美国陆军情报侦察初创建立、快速成长、发展壮大、渐趋成熟和转型超越各个阶段，挖掘分析美国陆军情报侦察发展的历史脉络。第三章　美国陆军情报侦察体系，全景展现美国陆军情报侦察体系现状，逐项分析美国陆军情报侦察体系架构、员额编制和主要装备。第四章　美国陆军情报侦察流程，重点介绍美国联合作战情报侦察流程、陆军部队情报侦察流程及情报侦察流程的主要特点。第五章　美国陆军情报侦察组织实施，重点围绕侦察原则、侦察范围、组织实施和侦察方式四个方面，详细分析美国陆军侦察组织实施。第六章　美国陆军情报分析研判，通过对美国陆军情报分析研判的定量标准、分析步骤、分析方法和研判内容进行深入分析，深刻揭示美国陆军情报分析研判的特色与侧重点。第七章　美国陆军情报分发共享，系统梳理美国陆军情报分发共享的理论与实践，详细分析美国陆军在分发原则、分发步骤、分发方式和分发手段的具体做法。第八章　美国陆军情报作战运用，围绕美国陆军作战指挥流程主线，详细剖析美国陆军在作战筹划、作战实施和作战评估中的情报作战运用。第九章　美国陆军情报侦察强点评析，总结得出美国陆军情报侦察的四个主要强点：配套完善的情报条令法规、多级一体的情报体系构建、突出定量的情报分析研判和标准程序的情报作战运用。

　　本书全景展现了美国陆军情报侦察基本认知、发展历程、情报侦察体系、情报侦察流程、侦察组织实施、情报分析研判、情报分发共享和情报作战运用等内容，既是一本严肃的学术著作，也是了解美国陆军情报侦察的科普读本。所以，无论是从事科研的专家学者，还是爱好军事的"发烧友"，从中都可以找到需要的内容。

　　本书在撰写过程中，参阅了大量文献资料，吸取了近年来学术界许多专家和学者的思想和研究成果，在此向其表示深深的感谢！

　　本人学识水平有限，对美军的研究刚刚起步，对美国陆军情报侦察研究挂一漏万，书中若存在不妥之处，恳请读者批评指正。

目　　录

第一章　美国陆军情报侦察基本认知

在某种意义上，情报决定一切。

——乔治·华盛顿

克劳塞维茨在《战争论》中指出："任何理论首先必须澄清杂乱的、可以说是混淆不清的概念和观念。只有对名称和概念有了共同的理解，才可能清楚而顺利地研究问题，才能同读者常常站在同一个立足点上。如果不精确地确定它们的概念，就不可能透彻地理解它们的内在规律和相互关系。"[1]要认识并把握美国陆军情报侦察的相关内容，首先应梳理比较美国陆军关于情报、侦察及相关概念的内涵和外延。

第一节　情报侦察概念

美军关于"情报"（intelligence）内涵的认识，经历了一个逐步深化、不断修正完善的过程。最早的美国大陆军脱胎于英军，华盛顿在建军伊始即以英国"新模范军"为榜样严明军纪，并起用普鲁士军官斯图

---

[1]　克劳塞维茨. 战争论 [M]. 北京：解放军出版社，1994：86.

本训练部队，因此美国陆军深深打下了欧洲军事思想的烙印。对情报的认知也是如此。美国陆军对情报内涵的理解深受当时欧洲战争的影响，特别是克劳塞维茨对情报的观点："说到'情报'，我们指的是关于敌人及其所属国家的各种信息——简而言之，就是我们自己计划和行动的基础"[1]。因此，一直到 2000 年，美军 JP 2-0 联合出版物《联合情报》将其定义为情报产品："①通过对有关外国或地区的信息进行搜集、处理、综合、分析、评估和判读而形成的产品；②通过观察、调查、分析或推断等方式取得的有关对手的信息与知识"[2]。

事实上，早在 1949 年，后来被誉为美国战略情报之父、情报分析之父的谢尔曼·肯特在其著作 *Strategic Intelligence for American World Policy* 中就将"情报"内涵概括总结为："情报是知识""情报是组织""情报是行动"[3]。肯特从事战略情报分析工作近 30 年，丰富的情报实践使他对情报工作形成了独特的看法，发表了大量有关情报理论的文章和著作。他的情报思想对美国的情报工作产生了深远影响。但"情报是知识、是组织、是行动"的思想更多是学术界的研究成果，官方的权威文件并未认可，强调的还是情报是"知识"而未涉及"组织"和"行动"。围绕情报内涵问题经过近 60 年的争论，终于在 2007 年得到军方认可，美军 JP 2-0 联合出版物《联合情报》对"情报"定义做重大修改："情报是指通过对可用的涉及外国、敌对或潜在的敌对部队或分队、实际的或潜在的作战地域情报资料的搜集、处理、综合、评估、分析和判读而形成的产品。该术语也适用于与整理此种产品的

---

[1]　克劳塞维茨.战争论 [M].北京：解放军出版社，1994：78-79.

[2]　U.S. Joint Chiefs of Staff. Joint Publication 2-0: Doctrine for Intelligence Support to Joint Operations[M]. Washington, D.C.: Government Printing Office, 2000: GL-5.

[3]　Kent S. Strategic Intelligence for American World Policy[M]. Princeton，New Jersey：Princeton University Press，1949: xiii.

活动及从事此活动的机构"[1]，将"情报"内涵由"知识"扩大到"活动"和"组织"。

2013 年，美军发布新版联合出版物 JP 2-0《联合情报》将"情报"定义为，"①通过对涉及外国、敌对或潜在敌对部队或分队，或实际或潜在作战地域的可用情报进行搜集、处理、整合、评估、分析和判读而形成的产品；②形成该情报产品的活动；③参与该活动的机构"[2]。这个多层内涵的定义完全体现了谢尔曼·肯特的思想，代表美军对情报的认知达到了新高度。同时，对"数据""信息""情报"三者的关系，美军认为，通过各类搜集手段从作战环境采集得到"数据"，对这些"数据"按照特定的主题，以人们便于理解的方式组织呈现出来便是"信息"，其效用随之增加，再将这一"信息"与作战环境中的其他"信息"进行联系和综合比较，结合先前掌握的敌方有关知识和经验，从军事意义上研判其价值后，就得到"情报"。整个过程如图 1-1 所示。

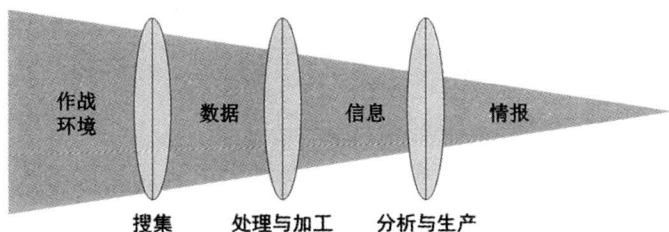

图 1-1　美军的数据、信息与情报关系图

美军联合作战层面，与"情报"相关联的概念还有"侦察"（reconnaissance）和"监视"（surveillance）。"侦察"是"需执行的一种任务，旨在通过目视观察或其他侦察手段获得有关敌人或对

[1]　U.S. Joint Chiefs of Staff. Joint Publication 2-0: Joint Intelligence[M].
Washington, D.C.: Government Printing Office, 2007: GL-11.

[2]　U.S. Joint Chiefs of Staff. Joint Publication 2-0: Joint Intelligence[M].
Washington, D.C.: Government Printing Office, 2013: GL-8.

手的活动与资源的信息；或获取有关某特定地区的气象、水文或地理特征的数据"[1]。"监视"是"运用目视、听觉、电子、照相或其他工具对太空、地（水）面或地（水）下地域、位置、人员或物体进行系统观察"[2]。如何区分"侦察"和"监视"这两个行动或职能相近的概念呢？早期，美军认为"侦察的目的是搜集信息。指挥官可基于获得的信息，制订计划，做出决策，下达命令。侦察含监视，监视即利用各种手段进行系统的观察"。但随着侦察探测技术的飞速发展，长航时的无人侦察机、地面电子监听设备和水下固定阵列式传感器等信息搜集装备以及自动化处理系统的运用，美军进一步认为，"侦察行动主要是依赖人，而不是技术手段"[3]。侦察是积极的信息搜集活动，是"主动出击"，但其持续时间有限，每次针对较小的空间范围，并需要运用人力；而监视是被动的信息搜集活动，是"守株待兔"，但持续时间可以很长，观察较大的空间范围，可不需要人力。在联合作战层面，美军还使用术语"情报、监视、侦察（intelligence、surveillance and reconnaissance）"，简称情监侦（ISR）。情监侦是指"同步和整合传感器、情报手段以及处理、利用和分发系统的计划与运行以直接支援当前和未来作战的活动"[4]。这是一个综合的情报和作战职能。情监侦这一概念最早来自美国空军，后来被吸纳到联合作战层面，它主要是为直接支援当前或未来的作战行动，确保将监视任务和侦察任务全面融入整体作战中而协调和整合传感器、情报手

---

[1] U.S. Joint Chiefs of Staff. Joint Publication 2-0: Joint Intelligence[M]. Washington, D.C.: Government Printing Office, 2013: GL-10.

[2] U.S. Joint Chiefs of Staff. Joint Publication 3-0: Joint Operations[M]. Washington, D.C.: Government Printing Office, 2011: GL-17.

[3] U.S. Headquarters Department of the Army. Field Manual 3-0 Operations[M]. Washington, D.C.: Government Printing Office, 2017: GL-15.

[4] U.S. Joint Chiefs of Staff. Joint Publication 2-0: Joint Intelligence[M]. Washington, D.C.: Government Printing Office, 2013: I-11.

段以及处理、利用和分发系统的计划与运作的活动。

美国陆军,作为联合作战的一个军种,美国陆军作战概念对接顶层的美军联合出版物。陆军条令体系自上而下区分五个层级延伸落地:条令出版物(ADP)、条令参考出版物(ADRP)、野战条令(FM)、陆军技术出版物(ATP)和应用程序(App)。其中,条令出版物(ADP)是指导陆军行动的基本原则,具有权威性,但在具体运用中需要根据实际情况灵活运用;条令参考出版物(ADRP)与陆军条令出版物一一对应,是对陆军条令出版物中所有条令原则的详细解释;野战条令(FM)主要是对战术和程序的设计,即陆军如何执行条令出版物(ADP)中描述的各项任务;陆军技术出版物(ATP)提供一系列完成使命、职能或任务的非规范性方式方法;应用程序(App)主要是便于官兵学习掌握上述四类的交互式媒体。就情报而言,对接顶层的联合出版物 JP 2-0《联合情报》,陆军有条令出版物 ADP 2-0《情报》、条令参考出版物 ADRP 2-0《情报》、野战条令 FM 2-0《情报》等,且其对"情报"的界定与联合层面理论基本趋同。美国陆军条令参考出版物 ADRP 2-0《情报》明确"情报"是"对有关外国、敌对或潜在敌对部队或分队、实际或潜在行动区域的信息进行搜集、处理、整合、评估、分析和判读后形成的产品。该术语也适用于生产情报产品的活动以及从事此类活动的组织机构。情报是使美国陆军能够顺利实施统一地面行动的一种流程和职能"[1]。需要注意的是,2012 年美国陆军部签署颁布首部美国陆军野战条令 FM 3-55《信息搜集》。该条令比较大的变化是同时采纳联合作战术语"情报、监视和侦察(即情监侦,ISR)"和陆军术语"信息搜集(information collection)",阐述其联合内涵与陆军定义之间的关系,并在陆军中使用"信息搜集"

---

[1] U.S. Headquarters Department of the Army. Army Doctrine Reference Publication 2-0 Intelligence[M]. Washington, D.C.: Government Printing Office, 2012: V.

术语来代替联合作战术语"情报、监视和侦察",并将情报作为军事行动的"赋能器"和"力量倍增器"。

第二节　情报侦察任务

侦察任务是情报侦察的目标指向,反映的是美国陆军对情报侦察工作的整体定位,展现的是美国陆军对情报侦察的基本要求。美国陆军情报侦察任务如表 1-1 所示。

表 1-1　美国陆军情报侦察任务

项目	任务	目的
联合作战层面	①向指挥官通报情况;②描述作战环境;③识别、定义和提交目标;④为作战行动的计划和实施提供支援;⑤对抗敌方的欺骗和突袭;⑥支援己方的欺骗工作;⑦评估作战行动的效果	帮助联合部队指挥官获取信息优势,提供信息和评估以促进任务的完成
陆军层面	①为形成战斗力提供情报支援;②为态势感知提供情报支援;③进行信息搜集;④为目标确定提供情报支援	支持指挥官和参谋人员对威胁、地形与气象及民事关注事项等态势感知;为行动的计划、准备、实施和评估提供支援

资料来源: [1] U.S. Joint Chiefs of Staff. Joint Publication 2-0: Joint Intelligence[M]. Washington, D.C.: Government Printing Office, 2013: I-3.

　　　　　　[2] U.S. Headquarters Department of the Army. Army Doctrine Reference Publication 2-0 Intelligence[M]. Washington, D.C.: Government Printing Office, 2012: 2-1~2-4.

可见,美军情报侦察任务在联合作战层面强调"描述作战环境",而在陆军层面是"进行信息搜集",尽管二者对情报侦察的任务描述不同,但都强调了情报侦察核心任务之一是多源获取情报信息。在获取对手情报信息的同时,要防止己方信息被对方获取,这就是反侦察、反情报。"反情报"(counter intelligence,CI)是美军七个"情报门类"

（intelligence discipline）或情报专业领域之一，并被列为主要的情报侦察任务。

第三节　情报侦察目的

美军联合情报侦察的目的是"向指挥官通报情况、帮助联合部队指挥官获取信息优势"和"为作战行动的计划和实施提供支援"[1]。美国陆军"情报侦察的目的就是支持指挥官和参谋人员取得对威胁、地形和天气及民事关注事项等态势感知。情报为行动的计划、准备、实施和评估提供支援。情报最重要的作用就是支援指挥官和决策者"[2]。"情报职能，是指与促进理解敌情、地形、气象、民事关注事项以及作战环境中其他重要因素相关的任务与系统"[3]。

综上可以看出，美国陆军情报侦察的目的可以归纳为三点：一是支撑指挥员和指挥机关筹划决策；二是保障部队作战行动；三是为部队提供侦察预警。换言之，情报侦察的根本目的是"拨开战争迷雾"，掌握敌情和战场环境情况，进而将情报优势转化为指挥决策优势和部队行动优势。显然，这也是情报的本质所在。

---

[1]　U.S. Joint Chiefs of Staff. Joint Publication 2-0: Joint Intelligence[M]. Washington, D.C.: Government Printing Office, 2013: I-3~I-4.

[2]　U.S. Headquarters Department of the Army. Army Doctrine Reference Publication 2-0 Intelligence[M]. Washington, D.C.: Government Printing Office, 2012: 2-1.

[3]　U.S. Headquarters Department of the Army. Field Manual 3-0 Operations[M]. Washington, D.C.: Government Printing Office, 2017: 5-10.

第四节　基本原则

　　情报侦察指导原则是传统做法和实践经验的理论总结，是组织实施情报侦察应遵循的基本准则。1995 年，美军首次在该年的联合出版物 JP 2-0《联合情报》中以专章的形式阐述其联合作战情报支援原则，共分为核心原则（central principle）、基本原则（basic principle）和辅助原则（supporting principle）三大类，合计 25 项情报支援原则。但这些原则比较琐碎、冗长，很难深入人心。之后的 JP 2-0 联合出版物没有再采取专章形式，而是将这些原则分散到情报流程之中。

　　2007 年，美军在总结"9·11"事件、伊拉克战争和阿富汗战争等经验教训之后，将原先的目标（object）、进攻（offensive）、集中（mass）、机动（maneuver）、节约（economy of force）、统一（unity of command）、安全（security）、突然（surprise）、简洁（simplicity）9 项联合作战原则扩展为 12 项，新增了约束（restraint）、持久（perseverance）、合法（legitimacy）。为适应作战原则的新发展，美军联合出版物 JP 2-0《联合情报》再次以专章形式详细阐述联合作战情报支援原则，并总结为多维视角（perspective）、同步（synchronization）、坦诚（integrity）、统一行动（unity of effort）、主次分明（prioritization）、优质标准（excellence）、预测（predication）、灵活（agility）、协作（collaboration）和融合（fusion）原则。这十大原则形式上更加简洁、凝练，内容上也更加全面、深刻，成为各军种情报支援的基本遵循。美军情报支援原则如表 1-2 所示。

表1-2 美军情报支援原则

原则	主要内容
多维视角 （perspective）	情报分析人员应该努力了解作战环境的所有相关方面，不仅应站在敌方角度考虑问题，还要了解作战环境中个人和群体的社会文化细微差别
同步 （synchronization）	情报应该与计划和作战同步，以及时满足情报需求。所有情报资源和手段的运用均与作战计划和作战命令保持步调一致
坦诚 （integrity）	要如实解释和陈述事实，实事求是。情报分析人员应该采取积极措施避免影响其分析的认知偏见并摒弃偏见
统一行动 （unity of effort）	通过对情报行动进行集中计划和指导并分散实施来促成统一行动，从而达成共同目标
主次分明 （prioritization）	根据指挥官的指导区分需求主次，通过确定最重要的任务以及用于完成这些任务的资源，区分工作优先顺序，为解决需求和有效管理风险提供一种机制
优质标准 （excellence）	努力达到质量的最高标准。情报产品必须具有预见性、及时性、准确性、可用性、完整性、相关性、客观性和可得性
预测 （predication）	情报评估能够判断敌方的意图和敌方未来的行动方案，并承担预测敌方意图的风险
灵活 （agility）	保持灵活性并适应不断变化的形势，快速转移重点、运用各项必要的技能处理当前面临的新问题
协作 （collaboration）	利用多种分析来源的专家知识，与其他分析人员和专家磋商，征询他们的意见，特别是那些外部机构的分析人员和专家的意见
融合 （fusion）	充分利用所有信息和情报来源，避免依赖单一信息源而产生偏见，通过各类情报之间的互补，提高情报的准确度和完整性

资料来源：U.S. Joint Chiefs of Staff. Joint Publication 2-0: Joint Intelligence[M]. Washington, D.C.: GPO, 2013: II-1.

第五节　情报类别

美军所谓的"情报类别"（intelligence discipline）是指"使用特定种类的技术或人力资源进行情报的计划、搜集、处理和利用、分析和报告"[1]。过去我国也翻译成"情报门类"或"情报专业领域"。它是一个明确界定的、利用特定类别的技术或人力资源进行情报的计划、搜集、处理、分析与报告的领域。在经过一系列的新建、调整或合并之后，目前美军联合作战层面将情报分为七类：地理空间情报（GEOINT）、人力情报（HUMINT）、信号情报（SIGINT）、测量与特征情报（MASINT）、技术情报（TECHINT）、公开来源情报（OSINT）、反情报（CI）[2]。美国陆军也遵循这一划分方法，其情报类别、子类别、来源如表1-3所示。

表1-3 美国陆军情报类别

情报类别	情报子类、来源	描述
地理空间情报（GEOINT）	图像	指任何具有自然或人工特征及相关的物体或活动的相片或展示，以及在获得相片或展示的同时获取的位置数据
	图像情报	指通过对图像和附带素材进行判读或分析而获取的技术、地理和情报信息
	地理空间信息	用于查明地理位置和自然特点，或者地球结构性特点与分界线方面的信息
人力情报（HUMINT）	听取情况汇报	指根据适用的法律，对提供合作的人力资源进行询问，以满足情报需求的过程
	审问行动	指利用审问方法询问被俘或被拘留的人员获取可靠的信息以满足情报搜集需求的系统性工作
	利用消息人士行动	指训练有素的人员通过直接或间接对公开或秘密的消息人士进行询问的方式获取信息

[1] U.S. Joint Chiefs of Staff. Joint Publication 2-0: Joint Intelligence[M]. Washington, D.C.: GPO, 2013: GL-8.

[2] U.S. Joint Chiefs of Staff. Joint Publication 2-0: Joint Intelligence[M]. Washington, D.C.: GPO, 2013: B-1~B-10.

续表

情报类别	情报子类、来源	描述
信号情报 （SIGINT）	通信情报	指通过搜集和处理截获的无线、有线或其他电磁方式的外国通信而获取的情报和技术信息
	电子情报	指通过截收和分析非通信发射器（如雷达）而获取的情报
	外国仪器信号情报	指对从外国的设备和控制系统截获的数据进行技术分析获取的情报
测量与特征 情报 （MASINT）	电磁数据	指通过电磁频谱（紫外线、可视光、近红外和红外线）中可见光/红外波段发射或反射的能量
	雷达数据	指从某一目标或目标区反射（二次辐射）回来的雷达能量
	无线电频率数据	获取与核试验或其他高能活动相关的无线电频率/电磁脉冲发射
	地球物理数据	获取陆地、水、空气和人造建筑发出或反射的声音、压力波、振动，以及磁场或臭氧层异常等数据
	材料数据	由自动化设备和/或直接由人力搜集到的气态、液态和固态物质样本
	核辐射数据	核辐射以及与核武器、核处理、核材料、核设备或核设施有关的物理现象
技术情报 （TECHINT）	武器系统情报	指通过开发和利用外国的器材和科学信息而获取的情报
	科技情报	
公开来源情报 （OSINT）		指任何社会成员都可以通过申请、购买或观察公开来源信息的情报，包括学术、跨机构、报纸/期刊、媒体广播、互联网等子类
反情报 （CI）		指为抵消敌人多种情报活动而进行的预防、识别和扰乱等一切行动

　　需要注意的是，在美军"情报"系列联合出版物中，曾一度将情报类别（intelligence discipline）与情报来源（intelligence source）相互混用、相互替代[1]，但根据美军最新版《国防部军事与相关术语字典》和最新的 JP 2-0《联合情报》，情报来源是指"能用来观察和

[1]　任国军. 美军联合作战情报支援[M]. 北京：军事科学出版社，2010：102.

记录关于目标位置、组织或个人状况、态势或活动的手段或系统"，主要是人、文件、设备或技术传感器，与情报类别是不同的概念。

第六节　情报产品

1995年、2000年、2007年和2013年，美军联合出版物JP 2-0《联合情报》对情报产品的分类，从最初的五类扩展为六类、七类，直至现在的八类。从中可以看出，美军对情报产品的认识和分类也经历了一个逐步深化、不断拓展、不断适应形势发展的过程。美军联合作战层面对情报产品分类的发展历程如表1-4所示。

表1-4　1995年、2000年、2007年、2013年美军联合出版物对情报产品的分类

1995年	2000年	2007年	2013年
征候与预警情报	征候与预警情报	征候与预警情报	征候与预警情报
动向情报	动向情报	动向情报	动向情报
总体军事情报	总体军事情报	总体军事情报	总体军事情报
目标情报	目标情报	目标情报	目标情报
科技情报	科技情报	科技情报	科技情报
	反情报	反情报	反情报
		评估性情报	评估性情报
			身份情报

注：此表根据美军1995年、2000年、2007年和2013年联合出版物JP 2-0《联合情报》中"情报产品类别"相关内容，整理、绘制而成。

美军认为，情报产品种类的划分主要依据情报的用途。"这些种类可能重叠，且的确存在重叠现象，同一情报或信息可以用于所有的种类"[1]。当前，美军情报产品分类及其内容如表1-5所示。

表1-5 2013年美军联合出版物对情报产品的分类及描述

类型	简要描述
征候与预警情报 （indications and warning intelligence）	为决策者提供威胁美国安全、利益或公民的明确信息。此类情报具有紧急性，暗示决策者应该采取行动阻止或减轻威胁的影响
动向情报 （current intelligence）	为正在进行的行动提供最新情报支援。此类情报具有很强的时效性，需将全源信息融合形成有关特定地域当前形势的简明、客观情报
总体军事情报 （general military intelligence）	主要涉及能够影响美国或多国潜在军事行动的外国和外国组织的军事实力及其他问题。此类情报涵盖面广，一般需要制订长期计划
目标情报 （target intelligence）	描绘和确定目标特征或目标复合体、网络和支援设施的构成，并指出其弱点和在更大系统或网络中的配置及对敌方的重要性
科技情报 （scientific and technical intelligence）	包括外国在有作战价值的（尤其是可增强武器系统性能的）基础科学和应用科学技术方面的发展情况
反情报 （counter intelligence）	是鉴别、欺骗、利用、破坏或针对外国、组织或人员以及他们的代理人、国际恐怖组织或活动进行保护而搜集的情报信息
评估性情报 （estimative intelligence）	指预测形势的发展及其对军事行动的计划和实施带来的影响
身份情报 （identify intelligence）	对人身份属性以及通过其他手段搜集的与这些属性相关的其他情报信息的融合

注：此表根据2013年版美军联合出版物JP 2-0《联合情报》相关内容整理、绘制而成。

其中，美军新增身份情报（identify intelligence）作为情报产品类型，主要诱因是2001年9月11日美国遭受恐怖袭击。尤其是近年来，美军在阿富汗抓捕本·拉登、在伊拉克和叙利亚等战场反恐作战

---

[1] U.S. Joint Chiefs of Staff. Joint Publication 2-0: Joint Intelligence[M]. Washington, D.C.: GPO, 2013: I-18.

时，特别需要对恐怖分子的 DNA、瞳孔、血型和人脸等生物特征进行识别的情报。为此，美军提升"身份情报"规格，将其作为一种新的情报产品类型提出。与美军联合出版物以联合、跨机构、多国情报共享以及实施军事行动与反恐行动等为着眼点把情报产品划分成八种类型相比，美国陆军对情报产品的分类更加聚焦"统一地面作战"，特别是在"进攻、防御、稳定和支援民事行动"中陆军部队作战指挥的情报需求。为此，美国陆军在联合出版物八类情报产品的框架下，将情报产品进一步整合为情报研判产品、情报摘要产品、动态情报研判产品和通用作战态势图（敌情部分）四类，以更好地凸显陆军对情报产品的需求特色。美国陆军对情报产品分类如表 1-6 所示。

表 1-6　美国陆军对情报产品分类

类型	简要描述
情报研判产品	根据对威胁和作战环境其他相关方面进行的分析及得出结论而制定出的最详细情报产品
情报摘要产品	在指定时间段对敌方情况、地形与气象以及民事关注事项的判断结论，为指挥官掌握态势提供背景知识
动态情报研判产品	对最新态势进行不间断评估，以支持计划制订和成功执行
通用作战态势图（敌情部分）	通用作战态势图中有关敌情部分

资料来源：U.S. Headquarters Department of the Army. Army Doctrine Reference Publication 2-0 Intelligence[M]. Washington, D.C.: Government Printing Office, 2012: 5-9.

第二章　美国陆军情报侦察发展历程

情报活动对于获取敌军作战意图具有重要作用，因此，我针对此事向大家极力建议，必须注重采取措施来构建信息获取渠道。

——乔治·华盛顿

1775 年 4 月，莱克星顿的枪声揭开了美国独立战争的序幕。1775 年 6 月，第二次大陆会议决定成立大陆军，美国陆军正式登上历史舞台。美国陆军成立后，先后经历独立战争（American Revolutionary War, 1775—1783）、第二次美英战争（War of 1812, 1812—1815）、美墨战争（Mexican War, 1846—1848）、南北战争（Civil War, 1861—1865）、印第安战争（American Indian Wars, 1865—1890）、美西战争（Spanish-American War, 1898）、第一次世界大战（World War Ⅰ, 1914—1918）和第二次世界大战（World War Ⅱ, 1939 1945），"二战"后的朝鲜战争、越南战争、海湾战争、阿富汗战争、伊拉克战争等，并在战争实践中形成具有典型美军特色的情报侦察工作。本章以"一战"前美国陆军军事情报部常设机构的建立、"一战"期间美国远征军 G2/S2 情报体系的构建、"二战"期间美国本土陆军军事情报部的发展以及欧洲与太平洋战场两个战区级情报体系的构建、朝鲜战争直至海湾战争时期美国陆军一系列情报改革及作战实践、21 世纪以来美国陆军应对"混合威胁"与大国竞争构建全球性情报体系为线索，将美国陆军情报侦察发展历史划分为初创建立、快速成长、发展壮大、渐趋成熟和转型超越等五个阶段，这对深刻认知美国陆军情报侦察演进历程及预判其未来发展趋势具有重要意义。

第一节　初创建立阶段："一战"之前

在大陆军成立之初，面对实力远胜于自己的英国军队，此前做过情报工作的大陆军总司令乔治·华盛顿十分清楚情报的重要性。他反复强调："在某种意义上，情报决定一切。"[1] 为此，他亲手创建了一套美国人自己的情报体系。1776 年，他组建了一支专门执行侦察和突击任务的部队——"诺尔顿突击队"，这是美国最早的军事情报部队和最早的特种部队，并发展间谍网络和使用骑兵侦察来发现敌军的薄弱之处。同时，华盛顿亲自担任大陆军的情报部长，亲自分析处理搜集获取的各种情报，为一步步战胜英军奠定了基础。

情报侦察手段不断发展。 从 1812 年第二次美英战争开始，美国陆军就成立了一支地理工程师分队，其职责是勘察并绘制地图为军事行动提供保障，该分队在美国西部进行了一系列的探险考察和地图绘制工作，获取了大量宝贵的密西西比河流域的地理情报和人文情报，为开拓美国西部铺平了道路。1846 年美墨战争爆发后，温菲尔德·斯科特少将为作战部队建立了一个高效的情报侦察组织。他大范围地使用间谍秘密组织来获取信息，其中包括由许多导游、通信员、侦察人员和间谍组成的"墨西哥间谍公司"。通过该公司人员，温菲尔德少将对墨西哥的军事动向了如指掌。同时他还组建了一些由中尉、上尉

---

[1]　内森·米勒.美国谍报秘史 [M]. 王业桃，等译.南京：译林出版社，1991：4.

军官和工程师等编成的侦察骑兵队伍，用于侦察潜在的敌方突袭路线并确定其位置，并在 1847 年夏布尔特佩克战役中为从翼侧攻破敌军防御提供了直接的情报支持。1861 年南北战争爆发后，美国北方联邦和南方邦联除了运用间谍和骑兵侦察等传统方式以外，双方都试图窃听对方的电话线路和使用热气球的方式来获取战场情报，同时通过对犯人、俘虏、难民、奴隶和平民的询问或审问，然后加以分析综合，辅以查阅敌方公开出版的报纸等方式，来掌握敌方当前位置和下一步动向。1916 年，美军在对墨西哥的军事行动中，开始运用安装有照相设备的飞机实施空中侦察，并使用新型"无线通信车"监听墨西哥政府的通信。此次行动，飞机空中侦察和电子侦察监听这两种代表着当时最先进技术的侦察手段初试锋芒，迅速走向了侦察情报大舞台的中心。

专业情报领导机构的建立。1885 年，美国陆军建立了国家层面的情报组织——军事信息部。该部平时和战时都在常态运转，主要任务是通过外交武官搜集外国陆军的数据，进而形成了美军现代意义的外交官制度。此后，该部通过和平时期的积极情报准备，为美军在 1898 年的美西战争中快速获胜发挥了重要作用。1917 年 4 月，美军参加"一战"时，美国陆军终于成立军事情报部。该部的成立使美国陆军从此拥有军种层面常设的情报职能机构，标志着美国陆军情报部门的永久性创建，被誉为美国现代陆军情报发展史上的第一次重大进步，成为美国陆军情报侦察发展史上的里程碑。

第二节　快速成长阶段："一战"期间

"一战"期间，美国陆军情报侦察的发展演进主要沿着两条主线展开。一条主线是在美国本土，战争部参谋部下设的由范德曼领导的军事情报部已经由一个计划性机构发展成一个成熟的作战性机构。到 1918 年 11 月战争结束时，军事情报部已经发展成为一个拥有 282 名军官、250 名情报警察和 1000 多名平民的庞大组织。另一条主线是 1917 年 6 月潘兴将军率领一个美军小型司令部抵达法国后，随着后续部队的不断加入，美国远征军规模逐渐达到 100 万人。为了有效指挥控制这支部队，潘兴及其司令部学习借鉴法国和英国先进的组织体制，特别是法、英卓有成效的情报体系。他将美国远征军司令部划分成人事、情报、作战和保障四个部门，分别以 G1、G2、G3、G4 作为对应部门的代号。到 1917 年年底，美国远征军从军到营各级都实行了这样的组织体制。"2" 就成为美军各级情报部门的代号。

"一战"期间美国本土情报侦察的创新发展。 "一战"期间，美国陆军军事情报部主要担负着主动情报和反情报两种职能。主动情报主要是从敌方搜集信息，反情报则是对抗并防止敌方对己方的情报活动。主动情报搜集不仅搜集有关敌军作战能力的相关数据，还关注搜集有关全球经济、社会和政治方面的重要信息。为此，美国陆军开始与全球范围内多家美国军方和非军方机构，甚至包括英国、法国的情报机构进行合作开展情报活动。同一时期，主动情报搜集所做的最具创新性的贡献是 1917 年 6 月成立了编码与密码局，并逐渐具有了密码破解能力。在战争期间，美国陆军编码与密码局共分析了 11000 份国外消息，破译了 8 个不同国家使用的多达 50 种编码方式。

"一战"期间欧洲战场美国远征军情报侦察的创新发展。 美国远征军情报体系从营、团、师、军、野战军到远征军司令部的各级情报部门既相互独立又互相依赖，每级情报部门都在搜集研究敌军情报，并将情报成果报告给各自的指挥官，进而一级一级上报到更高级别的司令部。高层司令部研究下级上报的信息，结合本级所获情报得出综合情报结论，将情报结论反馈给下级部队。也就是说，向上，情报体系能够逐级汇总敌军情报；向下，能够为作战部队提供敌军态势并帮助其验证结论。具体来说，营级和团级的 S2 部门，主要通过随着战线的推进设置观察哨或是通过巡逻队及作战部队的侦察员，在作战前线搜集敌军信息，而后 S2 部门将所获情报上报到上级部门。师级的

G2 部门，通常由 1 名专业译员、1 名地图制作人员和数名士兵组成，通过监督全师对俘虏的审讯、搜集所缴获的敌方文件，指导地面的观察和渗透行动，主要负责提供敌战线前沿 2 英里（1 英里 ≈ 1.6093 千米）左右的战场情报。军级的 G-2 部门，设有对空中照相侦察结果进行整理和分发的专门人员，以及由 12 名反情报警察组成的反情报部门。军级所属情报资源更为强大，既有声波测距分队和光学测距分队，还有实施空中侦察的航空勤务队。航空勤务队编配有 1 个观察飞机大队和 1 个气球大队，主要负责监视敌军前线部队在其前沿 2 ~ 5 英里区域的动向。野战军级 G2 部门，通常编有超过 50 名军官和超过 100 名士兵，所属的侦察情报力量既有实施空中侦察的航空勤务队，还有 1 个能绘制大范围作战地图的地形勘察营，以及专门探测敌军无线通信的无线电侦听分队。美国远征军司令部最顶端的 G2 部门，事实上是一个战区级情报中心，划分为 A、B、C、D 四个子部门，其中，G2-A 负责研究汇总通过人员、图像和信号等多源获取的情报信息，生成最终的作战情报成果，同时提供政治和经济情报，并从事密码分析；G2-B 部门是一个"秘密部门"，主要负责通过间谍网络搜集地下情报和实施反情报行动；G2-C 部门组成复杂，包括地形勘察、地图供应、声波侦听和光学侦察等，负责为美国远征军提供作战地图和地形情报；G2-D 部门是一个审查和出版机构，负责处理出版和审查事务，同时承担用于削弱德军士气的战场宣传工作。

综上可以看出，"一战"是美国陆军情报侦察发展历史中具有里程碑意义的重要节点，无论是在美国本土战争部所属的陆军情报部，还是欧洲战场美军远征军参谋部的 G2/S2 情报体系都迎来了空前的发展。在美国本土的战争部，军事情报已扩展到政治、经济和社会领域。在欧洲战场上，美国远征军 G2/S2 情报体系成为美军今天的战区级情报体系的基本框架。"一战"中遍布铁丝网、堑壕、机枪和野战火炮的地面绞杀，使审讯俘虏、缴获文件和地面侦察等传统手段的作用急剧下降，信号情报和空中照相技术在战争中迅速崛起，地位作用日益突显。特别是到"一战"末期，战役和战术侦察任务几乎已完全由空中侦察力量来实施。"一战"结束后的 1920 年，基于美国远征军战场上的情报侦察经验，美国陆军发布了首部情报条令——《情报规范》（intelligence regulations），这标志着美国陆军对情报侦察的总结上升到条令法规高度。因此，对于美国陆军情报侦察发展而言，"一战"代表着一次巨大的飞跃。

第三节　发展壮大阶段："一战"之后至"二战"期间

"一战"结束之后，两次世界大战之间，虽然美国陆军在无线电截获和密码解密等新型技术侦察手段方面取得了显著进展，但美国陆军军事情报部的资金来源、人员规模和地位作用均大幅下降。随着"二战"在欧洲战场的爆发，美国陆军的军事情报部开始重新扩编、全速运转。当美军先后在欧洲和太平洋两个战场对德、意、日轴心国宣战之后，基于"一战"的经验，美国两个战区级情报体系迅速建立并发展起来。

美国本土。陆军军事情报部主要下设军事情报处（MIS）、信号保密局（SSA）和反间谍部队（CIC）三个陆军情报组织。其中，军事情报处在战争期间规模迅速扩大，包括 1500 名军官、2000 名现役士兵和 1100 名非军人工作人员。该处主要负责搜集、分析和分发战略、战役和战术情报，涉及敌军组织机构、武器装备和战略战术等众多方面，下设专门关押德军和日军高级战俘的战略级战俘审讯中心，以及专门获取德军和日军外交情报的"魔法"（magic）情报特别支队，并向欧洲和太平洋战区提供战俘审讯专家、翻译人员、图像分析人员和战斗序列分析人员。信号保密局历经信号情报处、信号安全处多次调整后，到战争结束时，人员多达 777 名军官、15 名士官、3918 名士兵和 5661 名非军人工作人员。该局运用设在印度、关岛、夏威夷和阿拉斯加的集成式情报搜集站，重点搜集获取日军通信，并在破译日军密码方面做出突出贡献。反间谍部队至 1943 年 7 月，共有 543 名军官和 4431 名现役士兵，主要负责除了美国本土的反间谍、反情报以外，还负责向欧洲战场和太平洋等海外战场部署，众多的反间谍分队被配属到各级部队的情报部门。

欧洲战场。美国陆军派遣了 2 个军团、6 个集团军、15 个军和 61 个师的规模，支援这些部队作战的情报体系部署到了从前线部队到英国首相办公室的各个方面。其中运转最为成功、最为有效的是第 3 集团军的 G2 部。该部划分为行政管理、战斗情报、空中、保密和雇佣军共计 5 个职能子部门，负责与陆军内部上下各级情报部门交换情报，将情报成果整合成敌情图。第 3 集团军战场获取情报的手段主要是战俘审讯、空中侦察和无线电侦听解密三种手段。当时，审讯战俘是最为重要的单一情报来源，战后统计表明，"二战"中超过 1/3 的战场情报来自战俘；空中侦察手段十分有效，第 3 集团军所属的第十侦察大队通常能够在部队前方 150 英里处侦获敌军动向和主力部队位置；第 3 集团军由 300 人组成的第 118 信号情报连能够对德军进行无线电侦听、边防哨定位以及有限的通信信号分析解密，并整合出了德军的战斗序列。第 3 集团军 G2 部组织实施的全源侦察对指挥官乔治·S.巴顿将军在欧洲战场的迅速推进发挥了巨大作用。

太平洋战场。麦克阿瑟的西南太平洋战区司令部 G2 部作为战区级的多国联合情报中心，划分为行政管理处、作战处、战斗序列处和计划与评估处，负责人事和财政事务及汇集情报、分析情报和分发情报成果，人员最多时超过了 2000 名军官和士兵。该部下设的情报机构主要有盟军翻译部门、盟军地理部门和盟军情报局，情报获取手段涵盖了翻译缴获的日军文件、绘制西南太平洋战区详细的地理信息、海岸观察哨、信号情报和空中侦察等多种手段。正是由于 G2 部查明了新几内亚地区霍兰迪亚海岸日军防御薄弱，促使美军部队于 1944

年 4 月 22 日选择在霍兰迪亚登陆，令日军守卫部队大为震惊，此战仅用时 4 天就取得重大胜利。

"二战"结束后。美国对陆军情报条令，特别是遂行侦察任务的骑兵作战条令进行了重大修订。原因是 1941 年美国陆军颁布的野战条令规定：无论是军级部队配属的骑兵大队还是师属的骑兵中队通常专门担负侦察任务，而非战斗任务，应尽可能避免交战，除非在为了完成侦察任务的前提下，才会参与交战行动。但战争实践表明，侦察与作战两类貌似泾渭分明的行动，在真正的战场上却几乎难以分辨。"二战"欧洲战场上，战后统计数据表明："这些骑兵大队（军级部队配属）在整个战争期间仅有 3% 的时间用于侦察行动，其遂行的更为常见的行动是防御性任务（33%）、特种作战任务（29%）、安全警戒任务（25%）和进攻性行动（10%）"[1]。与此相似的是，"师属侦察中队共耗费了 13% 的战时时间遂行侦察任务，24% 的时间用于安全警戒类任务，63% 的时间主要用于各类作战行动"[2]。新条令要求装甲骑兵类部队在需要时必须通过战斗的方式遂行侦察或安全警戒任务。为此，美国陆军装甲骑兵团和师属侦察中队将原来主要使用的吉普车换装成轻型坦克和装甲战斗车辆。可见，经历两次世界大战的实战洗礼，无论是美军情报侦察等理论法规，还是侦察部队的编制装备及实战中的作战运用都得到了极大的发展完善。

---

[1] 约翰·麦格拉斯. 侦察出击：现代陆军侦察部队的发展 [M]. 毛翔，黎素芬，译. 知远战略与防务研究所，2014：157-159.

[2] 约翰·麦格拉斯. 侦察出击：现代陆军侦察部队的发展 [M]. 毛翔，黎素芬，译. 知远战略与防务研究所，2014：169.

第四节　渐趋成熟阶段："二战"结束至海湾战争

与"一战"结束时一样，"二战"结束后美国陆军情报部也面临精简紧缩、人员编制和地位作用的下降情况。朝鲜战争爆发后，美国陆军情报界措手不及，不得不迅速组织力量赶赴朝鲜战场。战争结束时，从集团军级到营级单位，各级的 G2 部与 S2 部都配属了情报专家小组，为各自级别的指挥官搜集、分析和提供情报。在朝鲜战争中，美国陆军首次编组了军事情报营和通信侦察分队两种类型的情报单位，以满足不同级别的作战需求。军事情报服务局在日本设立第 500 分队，主要编有图像分析人员、审讯人员和战斗序列分析人员。陆军保密局编组第 501 通信侦察分队，指挥所属的 3 个营、5 个连直接支援朝鲜战场上美军第 8 军作战。

在越南战争中，美国陆军与南越部队组成跨国性联合级情报组织 J2 部，J2 部下设联合军事审讯中心、联合文件分析中心、联合资料分析中心和联合情报中心，直接情报力量有第 136 军事情报大队（负责反情报工作）、第 149 军事情报大队（负责指导战场情报搜集工作）、第 1 军事情报营（负责监督陆军空中侦察）和第 519 军事情报营（负责为 4 个联合情报中心提供人力和作战支援）。南越的情报分队通常配属到美军师级和独立旅级单位，同时美军的情报分队也配属到南越的陆军师。陆军保密局（ASA）将装备精良的连和分遣队配属给陆军师和旅，用于满足其配属战术司令部的情报需求，这种做法的最终结果是"二战"中仅能被战区最高层指挥官看到的情报此时能够直接运用于战术行动。除了审讯俘虏、缴获文件、空中照相和信号情报等传统方式外，美国陆军坚持将最新技术运用于情报领域，无人值守地面传感器、空中人迹侦测器等许多创新性技术手段也开始应用于越南战场，并获得了不少重要价值情报。

从 1974 年年底开始，为消除自"二战"以来情报体系内的混乱与重复以及愈加严重的削减裁员，经由时任美国陆军参谋长批准，由詹姆斯·J.厄撒诺少将领导的情报组织与部署研究（IOSS）对当时的陆军情报体系结构进行重新论证，引发了美国陆军情报界最为深刻的变革。该项目研究建议对陆军情报体系结构进行两处彻底改革：一是将陆军保密局所属的信号情报行动及其组织结构纳入陆军体制中来，使其与陆军其他部门运行机制相配套；二是陆军保密局下属的战术单元应配属给军级和师级单位。1976年，美国陆军开始实施情报组织与部署研究所提出的建议，进而促使美国陆军情报与保密司令部和战斗电子战与情报部门的产生。至20世纪80年代末期，美国实施"卓越陆军（AOE）"整编规划，陆军全部完成了情报组织与部署研究的改革建议。至此，陆军情报界能够为各级陆军部队提供情报保障：情报与保密司令部的直属军事情报大队（旅）负责保障国家级和战区级；综合的电子战与情报旅、营负责保障每个军和师。陆军情报局成为陆军统一的情报生产机构，分管情报工作的陆军副参谋长由少将担任改为由中将担任，负责监督管理各种情报力量。总之，"情报组织与部署研究"及"卓越陆军"规划对当代美国陆军情报体系产生了重大而深远的影响。

在海湾战争中，美国陆军中央司令部G2部在得到第513军事情报旅的人员加强后，成为陆军情报体系的重要节点，至地面攻击发起时，该部人数接近1900人。同时，成立了两个联合审讯站搜集和处理超过7000名伊军俘虏的情报。在地面进攻阶段著名的施瓦茨科普夫的"左勾拳"行动中，美国陆军第7军和第18空降军各配属1个装甲骑兵团、军所属作战师的师属骑兵中队和营属侦察排，战前的预置部署，在战中的前导侦察、翼侧掩护和交通线安全警戒行动中都发挥了重要作用。战后，美国陆军中央司令部司令约翰·J.约素克上将指出："情报上说敌人在哪里，敌人就确定在那里，并按情报上的描述部署在那个地方……战术情报的作用的确令人赞叹。"[1]但美国陆军在海湾战争中的情报保障并非完美无缺，美军师级部队只能得到极为有限的国家级图像情报，例如，第24步兵师无法通过有线或无线来接收陆军中央司令部推送的图像情报，只能通过人力传输。地面战斗打响后，第24步兵师仅仅得到了2次国家级情报支援。

综上所述，"二战"结束后，一方面，美国陆军根据作战经验更新颁布情报条令，基于情报组织与部署研究和"卓越陆军"规划更新调整编制装备；另一方面，与苏联的冷战对峙，以及朝鲜战争、越南战争、海湾战争和科索沃战争等持续不断的战争经历，都加速了美军情报侦察的改革与发展，推进了美国陆军情报侦察进入新的发展阶段。

第五节　转型超越阶段：海湾战争结束至今

随着冷战结束，美国陆军部队撤回美国本土并大量裁撤。1991年海湾战争以后，陆军开始推进"21世纪部队"项目编制结构，开始将辖有庞大兵力的师级部队分拆成数量更多、规模较小的旅，使旅作为一级相对独立的单位从师一级部队分离出来。2001年9月11日，美国遭受恐怖袭击，美军开始实施全球反恐战争。这场战争需要一个真正的全球性情报体系来支撑，为适应这一发展趋势，美国陆军情报与保密司令部（INSCOM）组织其遍布全球的情报力量不断转型发展。

2001年的阿富汗战争与海湾战争相比，美国陆军参战部队能够得到更加有力的国家级情报支援。例如，美军第101空中突击师第187团第1营在执行"蟒蛇"行动过程中，可以利用保密互联路由器和"Falcon View"软件主动从国家地理空间情报局数据库下载制作自

---

[1]　迈克尔·E. 毕格罗. 美国陆军情报简史 [M]. 田林，杜燕波，译. 知远战略与防务研究所，2014：122.

己需要的战术情报,相关电子地图和标注信息可以与上级部门、阿帕奇直升机驾驶员乃至空军驾驶员进行共享和互相修订。上级可以向其直接推送图像情报方式提供情报支援。但是,在作战中军种之间仍存在壁垒,该营对空军情报的使用,必须由空军终端攻击控制人员使用空军专门系统才能完成。

2003年,在伊拉克战争中,美国陆军情报与保密司令部向战区联合情报中心调配第513军事情报旅人员,从美国本土向参战部队传送定制的情报成果,并在全球范围内雇佣了14000多名精通30多种语言的翻译人员。美国陆军第5军下辖的第3机步师所属的第3装甲骑兵中队、第101空中突击师所属的第2空中骑兵中队,以及第82空降师抽调用于支援第2旅所属装甲骑兵中队下属的骑兵A连,共计两支装甲骑兵中队和一支独立骑兵连遂行了引导地面主力部队前进的先导侦察和安全警戒等任务。与海湾战争相比,陆军师级部队能够得到数量惊人的国家级情报产品。例如,美第3机步师通过"21世纪旅及旅以下战斗指挥系统"等获取战场通用态势图。但随着情报数量的激增,各类系统林立,一个情报士兵常常需要同时监控7个不兼容的系统。旅、营一级的参谋必须浪费宝贵的时间和人力来把资料从一个系统转换至另一个系统。战斗一线部队面对激增的"信息洪流",时间紧、人数少,根本无法迅速获取与本级相关的情报。

2004年,美国陆军启动"模块化陆军"改革,取代之前热议的"21世纪部队"项目编制结构,把过去的装甲骑兵团、空降旅、空中突击旅、重型旅、中型旅、轻步兵旅6种编制结构简化成3种——重型旅战斗队、斯特赖克旅战斗队和步兵旅战斗队,旨在标准化所有旅级部队编制结构和装备,寻求将现役部队转型成数量足够、更加小型、具有独立作战能力的旅级战斗队(BCT)。模块化后旅级单位原编制中侦察连升级成营级规模的名为侦察、监视和目标获取(RSTA)的骑兵中队,这个骑兵中队装备了一系列数字化侦察和监视系统;旅下辖的3个步兵营分别编有一个侦察排,每个侦察排又下设两个小队,每个小队分别有两辆侦察车辆。总之，模块化后旅战斗队大大提高了侦察监视和态势感知能力。

2009年，美军为总结汲取阿富汗战争和伊拉克战争中的经验教训，更好地应对未来十年的"混合威胁"与挑战，美国陆军结合新技术在搜集、处理和分发信息等方面的进步，颁布了被称为"2015条令体系"的新条令，这对引领美国陆军建设发展、指导美国陆军行动具有重要里程碑意义。其中，ADP 2-0《情报》、ADRP 2-0《情报》、FM 2-0《情报》、FM 3-90/3《侦察、警戒和使能》和FM 3-55《信息搜集》等条令重点阐述了美国陆军新时期的情报理论，规范其信息搜集活动。

2009年以后，美国将全球战略重心逐渐转移到亚太地区，并于2012年6月正式推出"亚太再平衡"战略。2017年10月，美国陆军公布新版《作战纲要》，将"大规模作战"作为陆军顶层作战概念，强调要"将美国陆军从反暴骚乱的伊拉克、阿富汗战场全面带回与大国对手的高强度对抗战场"。2017年11月，特朗普在视察日本横田军事基地时首次阐述"印太战略"构想并以此取代"亚太再平衡"战略，并扩展其亚太战略和岛链战略，对抗我国的"一带一路"倡议，其目的是从东北、东、东南、南和西南方向对我进行战略围困，延缓阻碍我国发展。近年来，美国视我国为可对其构成威胁的最大对手，遏制、围堵、打压、威慑变本加厉，不断加大对我国高强度抵近侦察，持续军事介入我周边地区，不断拉拢盟友构筑对我国的包围圈。

2016年以来，美国陆军基于2025—2045年作战构想，以中俄大国为作战对手，以"侦察打击群"概念为基础提出"多域作战"（multi-domain battle operation）概念，意图利用科学技术优势，推动陆军合成兵种在陆地、海洋、空中、太空、网电空间全维领域行动及跨域协同，通过"竞争—武装冲突—回归竞争"多阶段对抗，击败中俄等潜在作战对手。"多域作战"概念迅速得到美国高层、参联会和其他军种的认可与支持，成为美军最新联合作战概念。为此，美国陆军拟组建多域特遣部队，以逐渐取代现行的旅战斗队。其中最引人

注目的是多域特遣部队编成内的侦察情报单元——I2CEWS，即情报
（intelligence）、信息（information）、网络（cyberspace）、电子战（electronic
warfare）与太空营（space operations）。该营下设军事情报连、太空情
报连、信号连、远程探测评估连和信息防御连，集情报、信息、网络、
电子战与太空于一体，代表着美国陆军情报侦察的未来发展趋势。上
述理论与实践标志着美国陆军在侦察情报理论和作战运用实践等方面
迈入了新的发展阶段。

第三章　美国陆军情报侦察体系

侦察永远也不会有足够的时候。

——乔治·巴顿

　　美国陆军情报侦察体系的一个突出特点是与其国家情报体系紧密相连，是国家情报体系的重要组成部分。美国陆军情报与保密司令部既是美国陆军军种的情报领导机关，也是情报搜集的重要业务单位，与其他 7 个军事情报机构（国防部 4 个直属情报单位，即国防情报局、国家安全局、国家侦察局、国家地理空间情报局；其他 3 个军种情报机构，即海军情报局、空军第 25 航空队和陆战队情报局）以及 8 个政府情报机构（中央情报局、司法部联邦调查局、国务院、能源部、禁毒署、财政部、国土安全部和海岸警卫队情报部门），共同组成美国国家情报系统，由国家情报总监统一监管，即所谓的"情报界"，直接向美国总统负责。美国情报界示意图如图 3-1 所示。

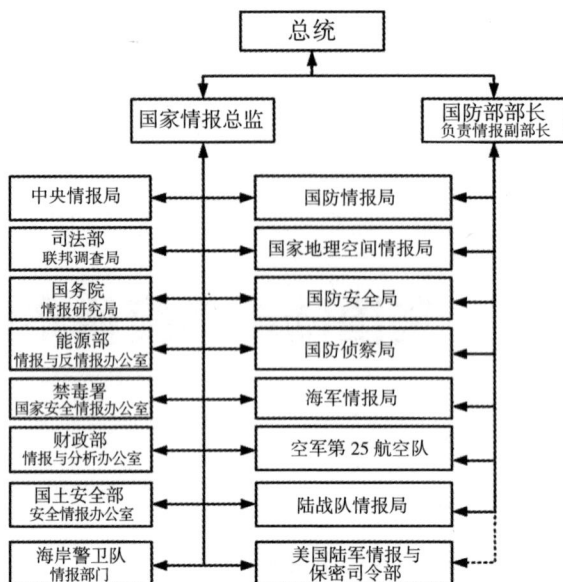

图 3-1　美国情报界示意图

　　美国陆军情报侦察体系由陆军本级的情报与保密司令部，战区陆军组成司令部，军、师、旅、营级单位情报部门，国家地面情报中心，军事情报旅，远征军事情报旅和旅属情报、侦察与监视分队等力量组成。美国陆军情报侦察采用分层级保障的模式，战区级由军事情报旅提供情报保障，军、师级由远征军事情报旅提供情报保障，旅及旅以下部队由各下属的情报、侦察与监视力量提供保障。美国陆军情报侦察体系构成如图 3-2 所示。

说明：灰色区域代表美国情报界，
白色区域代表美国陆军情有报力量。

来自情报界的支援

战区
组成陆军战区司
令部情报部门（G2）

军事情报旅

信号情报

人力情报

图像情报

来自情报界的支援

军
情报部门（G2）

远征军事情报旅

图像情报

信号情报

人力情报

侦察

远距离监视

来自情报界的支援

师
情报部门（G2）

无人机

"预言者"系统

人力情报博集小队

车情连

侦察

来自情报界的支援

旅
情报部门（S2）
营级侦察
监视力量

营
情报部门（S2）
侦察连

连
连情报支援小队

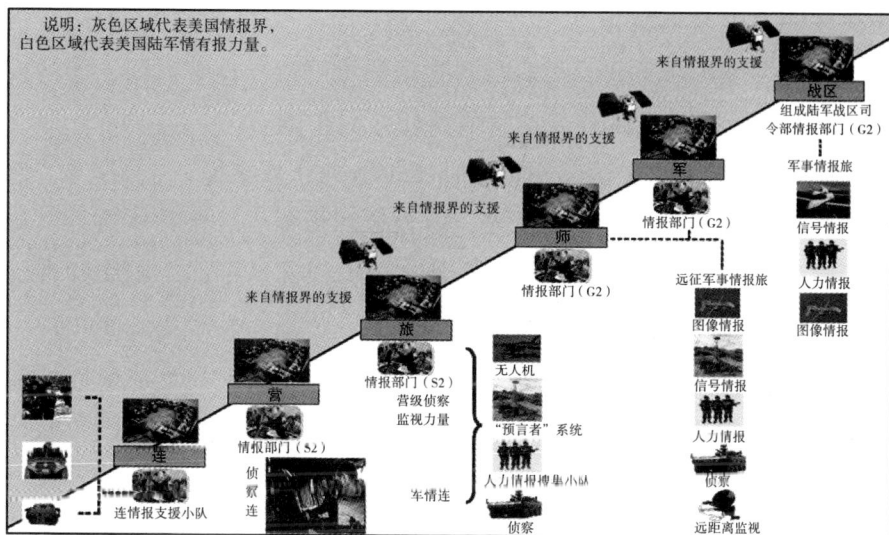

图 3-2　美国陆军情报侦察体系构成

第一节　领导指挥机构

　　美国陆军情报领导指挥机构按照行政关系和指挥关系，分设领导管理机构和作战指挥机构两种体系，以同时满足日常建设管理和战时作战指挥情报支援需要。

　　领导管理机构。美国陆军领导管理机构在陆军本级到部队逐级编设。采取"陆军情报与保密司令部—战区陆军司令部情报部—军（师、旅、营）情报部门—情报侦察部（分）队"的行政领导体制。①陆军情报与保密司令部，是陆军负责情报侦察和密码技术的部门，直接向美国陆军情报副参谋长报告，负责美国陆军军以上情报部队的行政管理，为军事指挥官和国家决策者提供情报、保密和信息战服务，主要任务是在全球范围内开展信号情报、人力情报、图像情报、测量与特征情报、技术情报和开源情报等情报活动，并实施网络空间作战。

②战区陆军司令部情报部和军（师、旅、营）情报部门（G2/S2）负责本级情报侦察部（分）队的行政管理和组织指导日常训练。③情报侦察部（分）队，具体遂行情报侦察任务的实体。

作战指挥机构。美国陆军情报侦察部队的作战指挥，主要采取"情报机关＋情报中心"的模式设置，前台筹划指挥、后台具体执行。从国家层面起自上而下分别为"国防部联合参谋部情报部＋国防联合情报行动中心—战区联合参谋部情报部＋联合情报行动中心—军（师、旅、营）指挥所情报部（情报科、情报组）＋情报中心—情报侦察部（分）队"的作战指挥体制。①国防部联合参谋部情报部＋国防联合情报行动中心，即国防部联合参谋部情报部与作战、计划部门人员组成国家联合作战与情报中心，负责向国防部部长、国防情报局、参联会联合参谋部、联合司令部等提供全源情报保障，并利用国防部国防情报局的各种资源完成其使命任务。②战区联合参谋部情报部＋联合情报行动中心，是战区总部情报汇集处理的关键节点，负责本级联合作战情报计划的制订、执行和相关情报信息的汇总处理，协调与国防部、各军种部和其他联合总部的情报支援。③军（师、旅、营）指挥所情报部（情报科、情报组）＋情报中心，负责根据指挥官的情报需求，搜集情报信息、进行战场情报准备、生成和分发情报产品，为指挥官指挥决策和部队行动提供情报支援。④情报侦察部（分）队，具体实施侦察行动和处理上报情报信息。

第二节　情报侦察力量

美国陆军模块化改革以后，旅作为地面作战的基本单位，区分为作战旅（包括重型旅、中型旅和轻型旅）、支援旅（包括陆航旅、炮兵旅、远征军事情报旅和保障旅）、职能旅（包括军事情报旅、防空旅、工兵旅、通信旅、医疗旅和运输旅等）三类。军事情报旅和远征军事情报旅分别属于职能旅和支援旅，是美国陆军建制内情报力量的主体，是获取地面战场战役战术情报的主要来源。同时，美国陆军作战旅编1个侦察营（侦察监视与目标探测营），工程营编1个军事情报连，炮兵营编1个目标探测排；陆航旅编3个无人机连和3个无人机系统连；野战炮兵旅编1个目标侦察连。这些侦察力量都担负战场侦察与监视任务。

军事情报旅。 该旅作为美国陆军部队情报支援的主要节点，将陆军情报与保密司令部、战区军种其他部队等多领域搜集得到的情报无缝衔接，持续为战区总部及其陆军组成司令部提供多源情报支援保障，可进行包括战场情报准备、态势研判、信号情报分析、图像利用和科技情报生产等在内的各类情报生产活动。根据所属战区情况的不同，军事情报旅编成各不相同。通常，军事情报旅编有直属分遣队和若干军事情报营，军事情报营按类型又分为空中侦察营、情报行动侦察营、前方搜集营和信号情报营等。其中，空中侦察营通常由3个情报支持连编成，情报行动侦察营由1个战区行动连和2个地区行动连编成，前方搜集营由人力情报连和反情报连编成，信号情报营由3个信号情报连和1个情报处理连编成。美国陆军军事情报旅主要编制如图3-3所示。

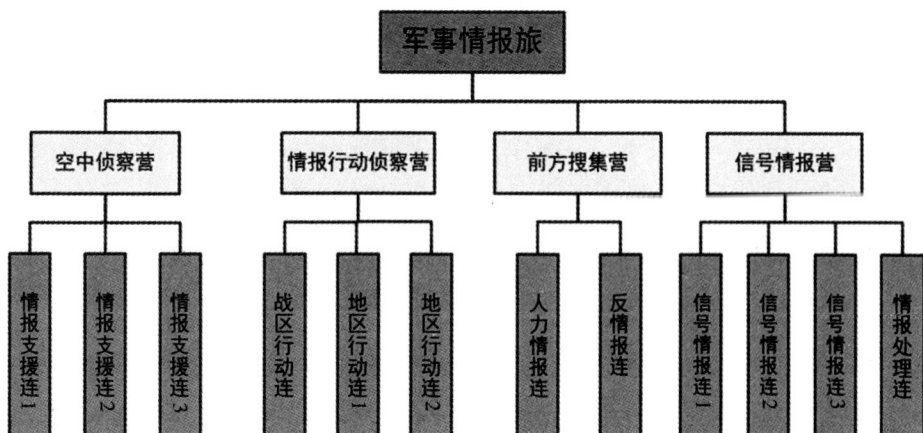

图 3-3 美国陆军军事情报旅主要编制

　　远征军事情报旅。该旅原称"战场监视旅",美国陆军现役3个军各下辖1个远征军事情报旅(第1军辖第201旅、第3军辖第504旅、第18空降军辖第525旅),既是陆军重要侦察力量,也是联合战役作战情报保障单位,主要担负美军战役作战行动的情报、侦察及监视任务。该旅主要侦察力量包括1个旅属战术无人机排、2个军事情报营和1个侦察监视中队。其中,军事情报营主要由技侦连、采集与处理连和远程监视连编成,侦察监视中队由侦察连和远程监视连编成。作为陆军唯一为各级部队提供情报、监视与侦察支援的模块化旅,远征军事情报旅能够在各类行动中按需支援陆军其他类型部队,提高其情报搜集处理能力。美国陆军远征军事情报旅主要编制如图3-4所示。

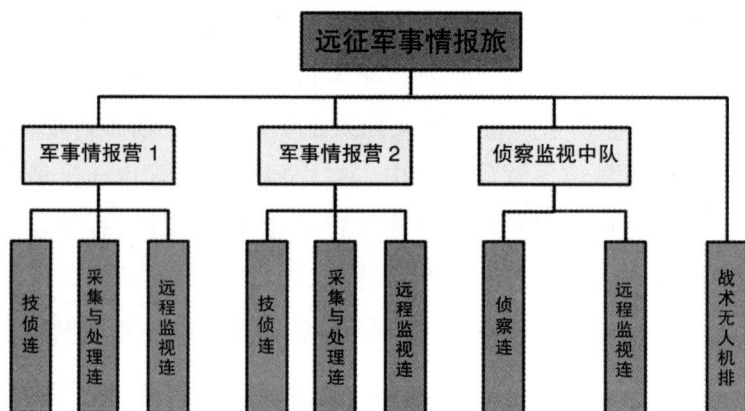

图3-4　美国陆军远征军事情报旅主要编制

　　旅战斗队情报侦察力量。对应重、中、轻三种作战旅,重型旅(装甲旅)编有1个侦察营,中型作战旅(斯特赖克旅)编有1个侦察监视与目标探测营,轻型旅(步兵旅)编有1个侦察营。重型旅(装甲旅)侦察营,下设营部和营部连、3个侦察连。中型作战旅(斯特赖克旅)侦察监视与目标探测营,下设营部和营部连、3个侦察连。轻型旅(步兵旅)侦察营,下设营部和营部连、2个骑兵侦察连和1个步兵侦察连。轻型旅(步兵旅)的主要任务是以直接的战场侦察行动获取情报信息,提高本级战场态势感知能力。各型旅战斗队除了侦察营侦察力量外,还包括合成营、旅部连侦察排、合成营侦察排、炮兵营目标探测排、工程营军事情报连和支援营侦察营支援连等侦察力量。美军重型旅（装甲旅）战斗队编制员额 3735 人，其中侦察情报力量约为 499 人，占比 13.4%；中型作战旅（斯特赖克旅）战斗队编制员额 3983 人，其中侦察情报力量约为 504 人，占比 12.7%；轻型旅（步兵旅）战斗队编制员额 3369 人，其中侦察情报力量约为 426 人，占比 12.6%。重、中、轻型作战旅均编有 1 个军事情报连，该连通常编有连部、情报综合排、人力情报排、情报分析排和卫星通信组，主要担负情报搜集、反情报和遂行电子战支援等任务。战时，通常以该连力量为主组建旅的战斗情报中心，负责情报需求管理和多源情报分析等工作。美国陆军重型旅（装甲旅）战斗队侦察力量主要编制如图 3-5 所示。

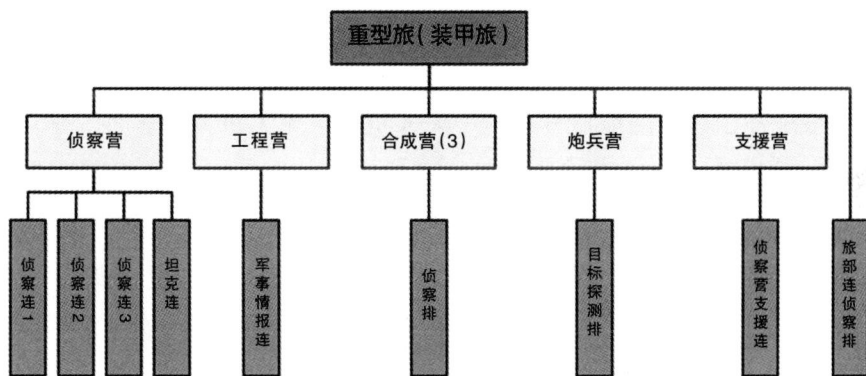

图 3-5　美国陆军重型旅（装甲旅）战斗队侦察力量主要编制

合成营情报侦察力量。重、中、轻型作战旅的合成营，也称合成兵种机动营，该营主要包括营部情报部门（S2）和营部连侦察排，其中，情报部门（S2）有 9 名情报人员，营部连侦察排下辖排部和 3 个侦察分排，具备夜间侦察、机动侦察、非机动侦察和使用无人机空中侦察能力，主要担负目标侦察、路线侦察、区域侦察和障碍物侦察等侦察任务。美国陆军合成营情报侦察力量主要编制如图 3-6 所示。

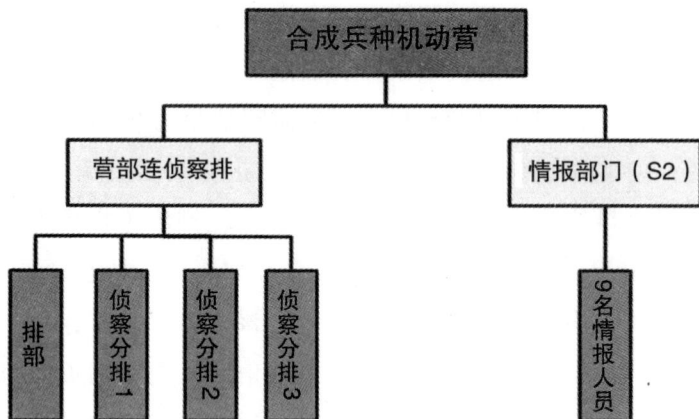

图 3-6　美国陆军合成营情报侦察力量主要编制

兵种侦察力量。兵种侦察力量主要包括炮兵营目标探测排、陆航旅无人机连/无人机系统连和野战炮兵旅目标侦察连等侦察情报力量。炮兵营目标探测排，每个作战旅炮兵营各 1 个；陆航旅无人机连/无人机系统连，每个陆航旅 6 个连（无人机连、无人机系统连各 3 个）；野战炮兵旅目标侦察连，每个野战炮兵旅各 1 个，下设连部、目标处理分排、3 个武器定位雷达分排、3 个测量分排、气象分析分排、轻型反迫击炮雷达分排和战术无人机排。这些兵种侦察力量主要担负本兵种的目标探测、情报分析处理等任务，支援本兵种部（分）队作战。

第三节　情报侦察装备与系统

美国陆军情报侦察装备体系完善，覆盖航天、空中、地面和电磁等多维空间。在航天侦察装备方面，美国近年来加紧发展微小型卫星，正在开展"鹰眼"纳米成像侦察卫星、"快照 -3"微型通信卫星和战术情报目标瞄准接入节点（TITAN）等装备研发。空中侦察装备方面，包括中程、近程和超近程各型有人侦察机、无人侦察机等装备。地面侦察装备方面，主要有各型地面侦察车、远程先进侦察监视系统（long range advanced scout surveillance system，LRAS3）、光电和传感探测等装备。电磁信号侦察装备方面，主要有"预言家"信号情报系统等。美国陆军情报侦察装备体系如图3-7所示。

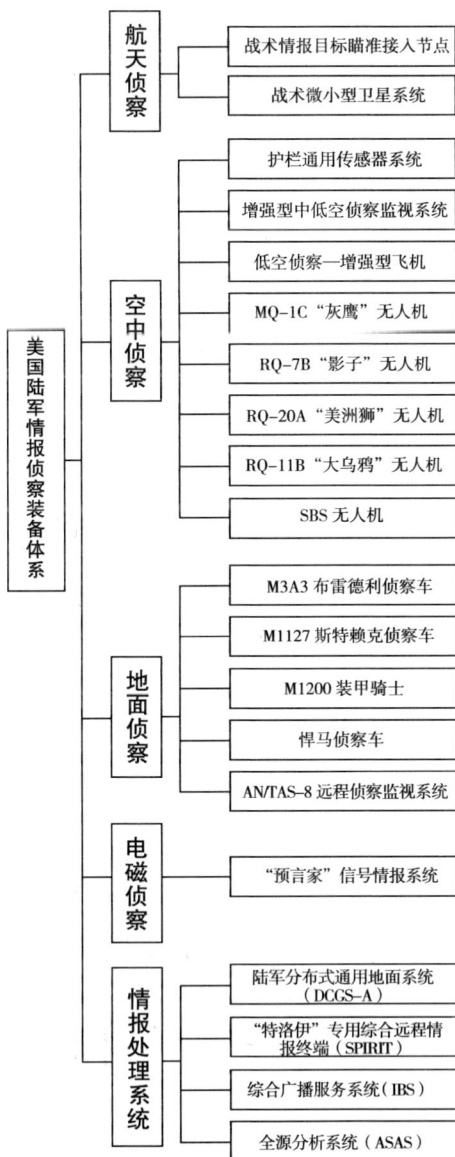

图3-7　美国陆军情报侦察装备体系

在美国陆军情报侦察装备体系中，比较典型的情报系统主要有以下四种。

陆军分布式通用地面系统（DCGS-A）。 分布式通用地面系统是美国各军种通用的多源情报、监视与侦察信息综合应用系统，可实时接收、处理及分发情报、监视与侦察信息。陆军分布式通用地面系统（DCGS-A）是其中的陆军型，美国陆军利用这一系统的地面站，可同时接收、处理和分发从侦察卫星、有人侦察机、无人侦察机以及地面/海面等侦察监视平台传送来的各种情报信息。

"特洛伊"专用综合远程情报终端（SPIRIT）。 "特洛伊"系统可为美国陆军旅以上部队提供绝密/敏感信息卫星通信，为陆军各类特遣部队提供重要情报。在伊拉克战争中，美国陆军师团指挥所配备的"特洛伊"系统，具有连接全球情报通信系统（JWICS）和保密互联网协议路由器（SIPR）的能力，可获取联合部队地面部队司令部的每日简报、国家影像与测绘产品，以及图像开发支援系统（IESS）等外部情报搜集产品。

综合广播服务系统（IBS）。 该系统将美国空军、陆军、国家侦察办公室及国家保密局所使用的四种相互独立的传统情报广播系统融为一体，组成一种新的互通系统，可为陆军部队指挥官提供增强的近实时信息管理及情报分发。通过该系统，指挥官可以对输入或存储在战区内的情报数据进行优化排序、建立联系及进行管理，并可以通过多种途径接收、处理以及向作战部队分发战略、战役及战术情报。

全源分析系统（ASAS）。 该系统装备于陆军战略至战术各个层级，既可以与美国陆军通用的标准通信系统联结，也可以与美军联合情报通信系统及"特洛伊"专用综合远程情报终端等专用系统通联。该系统具有情报处理分析、全源情报融合和情报产品分发等多种功能，为指挥官提供可视化全源情报信息。

第四节 情报侦察能力分析

为简化起见，这里将美国陆军情报侦察体系能力主要分为航天侦察、空中侦察、地面侦察、情报处理和察打一体五项指标，以求从整体上直观地分析美国陆军情报侦察能力的强弱。

航天侦察方面。 美国陆军近年来非常重视卫星小型化技术，正在开展"鹰眼"纳米成像侦察卫星、"快照–3"微型通信卫星、"剑"小型卫星发射器等项目，其中，"鹰眼"纳米成像侦察卫星项目计划开发重 13.6 千克、成像分辨率达 1.5 米、寿命 2 年的低轨道卫星。当前，美国陆军提出"多域作战"概念后，其"多域特遣队"下设"情报、信息、网络、电子战与太空营"（I2CEWS），该营下设军事情报连、太空情报连、信号连、远程探测评估连和信息防御连。美国陆军多域特遣队代表着美国陆军情报侦察未来发展趋势。美国陆军多域特遣队编成如图 3–8 所示。

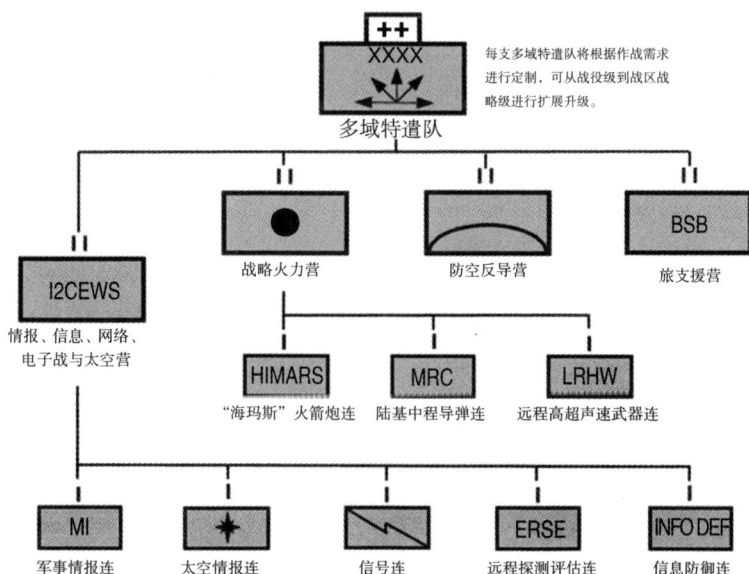

图 3–8 美国陆军多域特遣队编成

空中侦察方面。目前，美国陆军已形成包括低空、中空和高空有人侦察机、无人侦察机和直升机构成的空中侦察体系，能够提供图像情报和电子情报，能与武器系统交换数据，对固定目标的侦察有效率达 95%，对动态目标的侦察有效率可达 50%。在有人侦察机方面，美国陆军主要有配备"护栏通用传感器系统"的 RC-12 战术电子侦察机 33 架，装备"增强型中低空侦察监视系统"的侦察机 24 架，新研"低空侦察增强型"侦察机 9 架。这些侦察机具备通信信号截收、目标定位等功能，最大航程 2200 千米，可为旅级战斗队提供情报支撑。在无人侦察机方面，美国陆军装备中、远程无人机 300 多架，小型、微型无人机 4000 多架，主要包括 MQ-1C "灰鹰"无人机（续航时间 25 小时，侦察半径可达全球）、RQ-7B "影子"无人机（续航时间 5 小时，侦察半径 80 千米）、RQ-20A "美洲狮"无人机（续航时间 210 分钟，侦察半径 15 千米）和 RQ-11B "大乌鸦"无人机（续航时间 90 分钟，侦察半径约 10 千米）。

地面侦察方面。目前，美国陆军地面侦察装备主要有 M3A3 布雷德利侦察车、M1127 斯特赖克侦察车、M1200 装甲骑士和悍马侦察车，通常车上装有"远程侦察监视系统"（LRAS3）或"预言家"信号情报系统等。"远程侦察监视系统"具有可见光、红外、激光测距和定位等多种手段，可以在 50 千米之外，连续 24 小时执行侦察和监视任务，远距离搜索、识别、跟踪战场重要目标，通过网络快速传递并直接向武器平台提供高精度目标信息的能力。

情报处理方面。美国陆军情报处理系统能够进行传感器任务分配、控制侦察监视行动、处理与加工数据、分发情报信息。典型系统有陆军分布式通用地面系统（DCGS-A）等。对比可以发现，美国陆军情报处理系统技术比较先进，大多能够与国家级、战区级以及空、海侦察平台互联互通，实战运用经验较为丰富。

察打一体方面。美国陆军MQ-1C"灰鹰"无人机除搭载多型侦察监视传感器外，还可挂载4枚"地狱火"导弹，能从空中攻击坦克等重要目标，并能够通过数据链与阿帕奇武装直升机传输目标数据，在阿富汗战争中曾经发动数次对塔利班武装察打一体式攻击。总体来看，美国陆军察打一体能力已经成熟，集群攻击手段发展迅速。

第四章 美国陆军情报侦察流程

在作战之前、作战期间和作战之后都应使用一切现有手段去实施侦察。侦察的报告必须是事实，而不是看法；既有积极的，也有消极的。

——乔治·巴顿

情报侦察流程是一个如何组织实施侦察情报活动的简化概念模型，这一概念模型及其具体内容、步骤的提出，为正确理解情报需求、侦察获取、融合处理、分析研判、分发共享等情报侦察活动的相互关系提供了依据遵循，是美国陆军情报侦察理论的一大发展，标志着美国陆军对情报侦察工作规范性理论指导上升到了新的高度。

第一节 联合作战情报侦察流程

当前，美军认为，"情报流程"（intelligence process）是"将信息（information）转换为情报（intelligence）的过程。这个过程包括计划与指导（planning & direction）、搜集（collection）、处理与加工（processing & exploitation）、分析与生产（analysis & production）、分发与整合

（dissemination & integration）和评价与反馈（evaluation & feedback）六类相互关联的情报活动"[1]。"这六类相关联的情报活动，在许多情况下，各类情报活动几乎同时进行，或可能被省略"[2]。比如，图像申请要求进行"计划与指导"活动，但可能不需要进行新"搜集"和"处理与加工"活动，图像申请可以直接被送到情报生产部门，对之前搜集和处理加工的图像进行查询评估，以确定其是否直接满足需求。美军联合作战情报运行流程如图 4-1 所示。

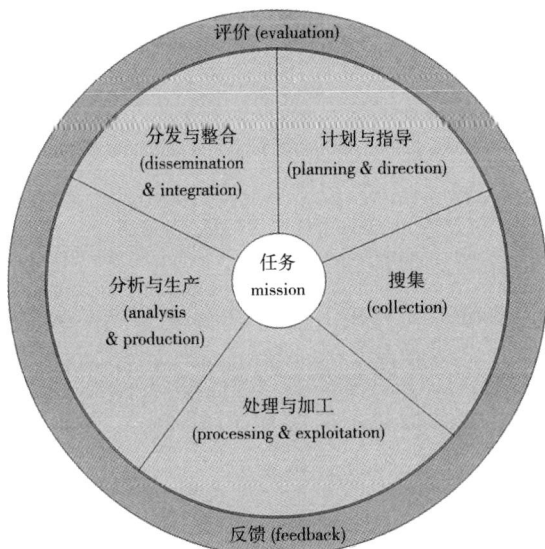

图 4-1　美军联合作战情报运行流程

计划与指导（planning & direction）。美军的"计划与指导"活动是指"确定情报需求、发展适当的情报体系，筹备搜集计划，向

[1]　U.S. Joint Chiefs of Staff. Joint Publication 2-0: Joint Intelligence [M]. Washington, D.C.: Government Printing Office, 2007: GL-11.

[2]　U.S. Joint Chiefs of Staff. Joint Publication 2-0: Joint Intelligence[M]. Washington, D.C.: Government Printing Office, 2013: I-6.

信息搜集部门下达命令或提出需求"[1]。它主要包含制订情报计划以及对持续实施过程的持续管理，工作内容包括：①制订情报需求与信息需求计划，确定情报需求并区分主次；②制订分析和整理计划，推动多国间、国家级情报组织间、跨单位间情报分析与整理的协作与分工；③制订搜集和加工计划，与搜集需求匹配最优化、运用国家和战区等各级搜集能力；④制订通信和情报系统体系计划，确保情报分发有可用的通信系统；⑤制订反情报计划，分析敌侦察能力及我方薄弱点；⑥制订联合作战目标清单情报支援计划，拟定联合目标清单、限制打击目标清单及不得打击目标清单；⑦制订工作行政和后勤计划，提出人员配备和后勤保障需求；⑧搜集管理，持续更新调整情报需求、确定优先顺序和分派任务。

搜集（collection）。美军的"搜集"活动是"为获取满足搜集战略中特定需求所需数据而进行的相关活动"[2]。搜集包括选择最恰当的可用情报手段和相关处理、加工与分发，然后对选择的情报手段进行任务分工和相关的处理、加工与分发，以实施搜集任务。

处理与加工（processing & exploitation）。美军的"处理与加工"活动是将"搜集到的原始数据转换成适当的形式，供各级指挥官和决策者、情报分析人员及其他用户随时使用"[3]。在美军的作战术语中，情报的处理与加工，是指将采集到的信息转换成恰当形式的情报产品。处理与加工包括影像初期加工、数据转换与对比、文件和资料翻译、信号解密，以及向情报分析和整理单位通报所得结果。情报处理与加工工作可由原搜集数据的单位一并执行，即由该数据的搜集者负责进

---

[1] U.S. Joint Chiefs of Staff. Joint Publication 2-0: Joint Intelligence[M]. Washington, D.C.: Government Printing Office, 2013: I-5.

[2] U.S. Joint Chiefs of Staff. Joint Publication 2-0: Joint Intelligence[M]. Washington, D.C.: Government Printing Office, 2013: I-15.

[3] U.S. Joint Chiefs of Staff. Joint Publication 2-0: Joint Intelligence[M]. Washington, D.C.: Government Printing Office, 2013: I-15.

行处理与加工。

分析与生产（analysis & production）。美军的"分析与生产"活动是通过分析联合作战部队隶属或配属的情报搜集力量所提供的信息，以及进一步提炼和整编所属部队和外单位提供的情报。通过综合、评估、分析和判读手头所有已处理过的信息，从而产生情报产品，用以满足指挥官的优先情报需求。情报产品可以用多种形式展示，如口头说明、印刷出版物或电子媒体。情报搜集、处理与加工任务主要由某一主要情报类别的专家完成，情报分析与生产工作主要靠全源分析人员，他们对来自所有情报类别的信息进行整编。经过这种整编得到的产品称为全源情报。

分发与整合（dissemination & integration）。美军的"分发与整合"活动是以适当的形式把情报传递给用户，供其将情报应用于各项适当的任务之中。在美军的作战术语中，情报的分发与整合，是指以合适的形式向用户交付情报，并将情报运用于相应的任务、工作和职能。分发通过多种途径来推动实现，具体选择哪一种分发途径根据用户的需求以及情报本身的重要性和紧迫性决定。人员、网络和数据库数据传输都是分发的途径。

评价与反馈（evaluation & feedback）。美军的"评价与反馈"活动持续贯穿整个情报流程，并对情报流程进行整体评估。各级情报人员应该对他们执行情报任务的情况进行评估并衡量执行的效果。评价与反馈需要情报计划人员、搜集管理人员、搜集者、单一和全源分析人员与情报系统设计者之间进行协作交流，确认情报处理过程中存在的缺陷。此外，还需要同情报用户进行磋商，确定情报需求是否得到满足。评价与反馈的直接运用包括但不局限于：对情报需求进行重新描述，对传感器进行动态的任务重置，改变数据传送通道至另外一个利用节点，修改信息报告或完成情报产品。评价与反馈旨在尽早确认问题，最大限度地减少信息缺口和能力缺陷。

第二节 陆军部队情报侦察流程

作为联合部队的组成部分，美国陆军的情报运行流程与联合作战情报运行流程保持一致并支持联合作战情报运行。但美国陆军认为地面作战有其独特性，所以美国陆军情报流程与联合作战情报流程在一些处理方式上略微不同。美国陆军将情报流程视为描述情报作战职能如何促进态势感知和支持决策的一种模型，并作为陆军专业人员提供思考、研讨、计划和评估的一个通用框架。陆军情报运行流程由四个步骤（计划与指导—搜集—生产—分发）和两个连续活动（分析与评估）构成[1]。美国陆军情报运行流程如图4-2所示。

图4-2 美国陆军情报运行流程

[1] U.S. Headquarters Department of the Army. Army Doctrine Reference Publication 2-0 Intelligence[M]. Washington, D.C.: Government Printing Office, 2012: 3-1~3-2.

计划与指导（planning & direction）。美国陆军强调，"计划与指导"步骤开始于受领任务（可能是一个预先号令），由许多广泛的任务组成，包括：①为指挥官确认关键信息需求和确定满足需求的手段；②管理、持续更新情报需求；③情报部门（参谋）与作战部门（参谋）共同制订一个同步和综合的信息搜集计划，重点是回答指挥官关键信息需求和其他要求；④情报部门（参谋）对执行信息搜集任务的信息搜集力量的适用性（可用性、性能、脆弱性和历史表现）进行评估，并向作战部门（参谋）推荐适当资产的任务分配；⑤情报部门（参谋）对信息搜集进行评估，以确定信息搜集计划的有效性；⑥准备战场情报，准备产品和透明图；⑦实施研究、协作、联络和分析之类的活动，生成情报知识；⑧制定初步的情报研判或简报（通常作为任务分析简报的一部分内容）等。其中，确定需求的过程如图4-3所示。

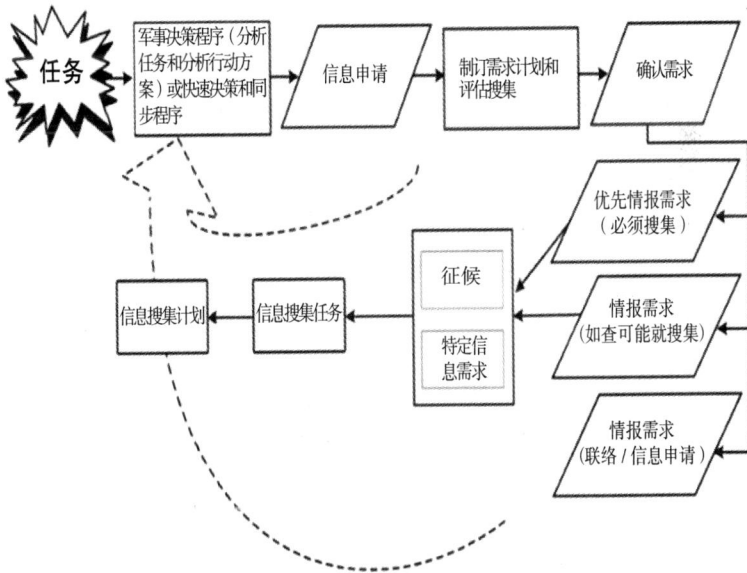

图4-3 确定需求的过程

搜集（collection）。美国陆军强调，"搜集"应基于指挥官的关键情报需求和其他需求，通过执行战术任务（如情报搜集主要手段、侦察、监视、警戒行动和情报行动）[1]。"搜集"活动包括"采集、处理和报告信息"。采集：不同部队和多种行动（如情报行动、警戒行动、侦察、监视）都可以搜集关于威胁、地形和气象以及民事关注事项等信息和数据。处理：一旦搜集到信息，就要对其进行处理，让分析员从中提取必要的信息并整理成情报和目标确定产品。处理包括转换、评估、分析、解释和合成搜集到的原料数据和信息。报告信息：有关敌方接触和行动、指挥官关键信息需求、战斗信息[2]和核生化辐射等的报告，先通过口头进行报告，随后再以自动化方式报告。情报和时间敏感的战斗信息会影响到当前行动，所以一旦确认就要立即分发。战斗信息的紧急处理途径分为两个方向：一是直接传给指挥官；二是通过常规的报告渠道供情报分析和整理部门使用。

生产（production）。美国陆军强调，"生产"就是通过分析搜集到的信息和现有的情报而形成情报产品。陆军各级情报部门对本级侦察监视力量搜集到的信息，来自上级、下级和同级部队以及其他组织的大量信息进行分类，并将相关信息转换为适合分析、生成情报或立即使用的形式。最终生成的情报产品必须是及时的、相关的、准确的、有预测性的，有助于态势理解和支持决策。由于受到时间的限制，情报产品的详细程度有时达不到希望的程度，但是及时、准确地回答指挥官的需求要比详细但迟到的答复好。美国陆军最为常用的情报产品主要有：情报研判（intelligence estimate）、情报摘要（intelligence summary）、动态情报研判（intelligence running estimate）、通用

---

[1] U.S. Headquarters Department of the Army. Army Doctrine Reference Publication 2-0 Intelligence[M]. Washington, D.C.: Government Printing Office, 2012: 1-5.

[2] 战斗信息是指由战术指挥官搜集的未经鉴定的数据，或者是直接提供给战术指挥官的未经鉴定的数据，此类数据具有高度的易变性或者对情况至关重要，但又无法及时处理成情报以满足用户的战术情报需求（JP 2-01《联合与国家情报对军事行动的支援》）。

作战态势图（敌情部分）(intelligence portion of the COP)。

分发（dissemination）。美国陆军强调，"分发"的关键是确定情报产品的格式和选择传递的手段，确保产生的情报产品以恰当的形式进行分发。情报产品的类型、时间和指挥官的偏好都会影响到情报产品的格式和传递手段。情报产品的表现形式可以是口头的、书面的、交互的或图形格式。分发的方法和技术包括面对面语音交流、直接的电子分发（电报传输）、即时消息传递、网络发布、把情报打印出来或刻于光盘上再发送等。需要注意的是，美国陆军把情报产品的分发区分为三个渠道：指挥渠道、参谋渠道和技术渠道。指挥渠道是指挥官或得到授权负责相关指挥活动的参谋军官直接使用的指挥链接，包括指挥无线电网、视频会议和任务式指挥系统。参谋渠道是司令部之间或司令部范围内参谋与参谋之间的联系，包括作战无线电网和情报无线电网、网络电话、参谋聚会和视频电话会议等。技术渠道是指两个技术上类似的部队之间，或者执行专业技术职能办公室之间的传输路径。

分析（analysis）。美国陆军强调，"分析"是情报运行流程中持续性的活动，可以发生在整个情报流程的不同阶段。例如，在"计划与指导"阶段，要对情报需求进行分析，确定需求的可行性以及优先级别；在"搜集"阶段，要分析满足需求的最佳搜集策略；在"生产"阶段，要通过预测性分析判断敌方行动方案；在"分发"阶段，要分析各类用户所需要接收情报产品的恰当格式。生成情报产品时的分析工作包括搜集到数据信息的加工处理、对单一来源情报的专业分析和全源情报的综合性分析。

评估（evaluation）。美国陆军强调，"评估"是作战过程中全面评估活动的组成部分，是情报运行流程中持续性的活动，贯穿整个情报流程中不间断地进行，需要不断对信息搜集工作的有效性进行评估。

第三节　情报侦察流程主要特点

综合美军联合作战情报侦察流程和陆军部队情报侦察流程，可以发现美国陆军情报侦察流程有以下四个方面的特点。

1. 情报流程周期——更强调非线性继起。美军联合作战情报通常按照"计划与指导—搜集—处理与加工—分析与生产—分发与整合—评价与反馈"运行，陆军部队通常按照"计划与指导—搜集—生产—分发"四步骤和贯穿情报流程始终的连续活动"分析、评估"来运行。可见，美军当然也是非常强调情报有序闭环运行的，美军从一开始叫"情报周期"到现在叫"情报活动"的发展历程就清楚地表明：美军更加强调这六类情报活动的非线性继起，"各类情报活动的起点或终点之间并没有严格界限；它们之间不是前后继起的，而是几乎同时发生的；并不是所有的情报活动都必须经过完整的'情报流程'才能完成"。为了改变情报流程是前后衔接、周期运行的误解，美军2004年版联合出版物 JP 2-01 中曾给出了网络拓扑结构型的情报流程。网络拓扑结构型的情报运行流程如图4-4所示。

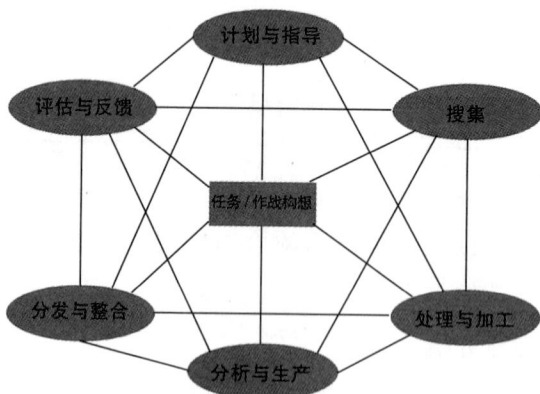

图4-4　网络拓扑结构型的情报运行流程

此外，美军 2007 年以前的"情报"系列联合出版物仅将情报分析与生产人员明确列为经处理与加工环节后信息流转的用户，但在2007 年版联合出版物 JP 2-0 中开始将指挥官、各级决策人员等明确列为经处理与加工后信息流转的用户，即将处理与加工后的信息直接交给情报用户。美军处理与加工活动信息流转如图 4-5 所示。

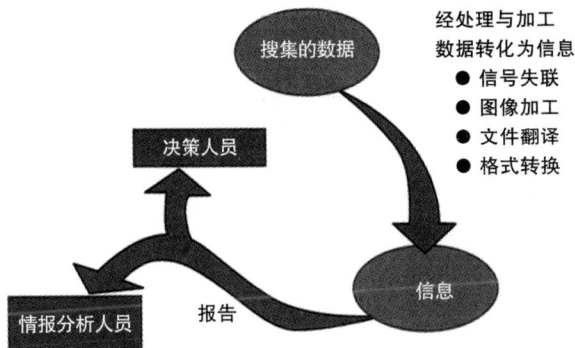

图 4-5　处理与加工活动信息流程

　　这一改变反映了美军两个基本事实：一是美军约定俗成的做法。美军情报人员将数据信息加工处理成便于理解的形式之后通常即将原文呈给指挥官和参谋人员，其军事意义研判通常由他们亲自完成，由他们自行判断信息原文本身所代表的具体企图到底是什么。由此不难理解，美军非常重视附上每个情报的来源可靠性和信息可信性的原因了。二是信息流转加快的要求。美军认为现代战争作战节奏加快，指挥官和参谋人员比往常更加需要使用那些仅经过加工与处理环节但还没有进入分析与生产环节的时间敏感信息，以便做出时敏性决策。例如，美军强调，"搜集的时敏性战斗情报信息（combat information）[1]经处理过后，必须通报给相关部队、组织或机构，以便进行分析或采取行动"[2]。

[1]　美军战斗情报信息是指由战术指挥官搜集或向其直接提供的未经鉴定的情报数据。由于其具有易失效的性质或出于态势的高度紧迫性，常难以被及时处理成战术情报以满足使用者的战术情报需求。

[2]　U.S. Headquarters Department of the Army. Army Doctrine Reference Publication 2-0 Intelligence[M]. Washington, D.C.: Government Printing Office, 2012: 3-7.

2. **情报需求提出——多采用问题式表述**。美军强调，情报需求要清晰、可回答，要针对单一问题，是作战决策所必需的[1]。美军情报需求采取"提问—回答"方式，以问题清单式呈现。也就是说，指挥官提出或审批参谋部门提出的事关决策的关键性问题，主要以问题清单的方式提出，情报部门统筹这些情报需求，并将每个情报需求问题细化分解成若干子问题——信息基本要素（EEI），以信息基本要素的方式对应回答，只要回答了所有信息基本要素，也就能够回答指挥官的情报需求。美军优先情报需求（PIR）与信息基本要素（EEI）示例，如表4-1所示。

表4-1　美军情报需求清单示例[2]

序号	类别	情报需求	信息基本要素	需求者
1	优先情报需求	敌人是否会在未来72小时内发动进攻？	① ×× 装甲师在什么位置？ ② ×× 军所属炮兵是否已靠前部署？ ③装载空对地弹药的飞机是否位于前沿机场？ ④主要地面部队在哪里？	指挥官
2		敌军网络的当地支援水平如何？	①当地人为敌军提供哪些资源？ ②敌军使用哪些强制性策略来控制人们？ ③当地政治掮客与敌军网络的关系实质是什么？	指挥官
⋮	⋮	⋮	⋮	⋮

3. **搜集计划拟制——要求多个部门协作**。美军的搜集计划拟制，不但强调纵向上多个上下级情报部门的协作，而且更加强调横向上情报部门与同级其他部门的配合。具体表现在两个方面：一是搜集计划标准有要求。美国陆军评估一个高效的信息搜集计划有六项标准：预

[1]　U.S. Headquarters Department of the Army. Field Manual 3–0 Operations[M]. Washington, D.C.: Government Printing Office, 2017: 2–43.

[2]　U.S. Joint Chiefs of Staff. Joint Publication 2–0: Joint Intelligence[M]. Washington, D.C.: Government Printing Office, 2013: I–9.

测；协调；排序；平衡；联络；控制^[1]。其中，"协调"标准强调："G2/S2^[2]负责与所有参谋部门、上级部队、下级部队和友邻部队进行协同与协作，从而不断地同步信息搜集计划与行动"。"联络"标准强调："上级、同级、下属或其他单位也许能满足部队的需求。G2/S2可以使用情报联络来回答初始信息需求，无须使用建制和支援性信息搜集力量"。可见，信息搜集计划从拟制一开始就要考虑纵横多部门的协作。二是计划拟制过程必然结果。美军强调搜集计划的拟制：纵向上，要及时确认情报搜集缺口和不必要的重复，最优化运用各种可用搜集能力，必须运用适当的战区和国家搜集能力，涉及自上而下各级搜集部队和机构多梯队的工作协调和持续整合；横向上，美军非常强调本级情报部门与作战部门、情报搜集部门与情报分析部门的密切协作来拟制搜集计划。例如，联合参谋部情报处（J2）和作战处（J3）、陆军集团军或军的参谋部情报处（G2）和作战处（G3）、师旅的情报科（S2）和作战科（S3）等部门必须密切持续协作。因为情报部门负责确认搜集需求并进行优先排序，用于推动情报搜集计划，而作为司令部全体部队的管理者，作战部门代表指挥官管理作战区域，为指挥官提供有关向下属部队分派平台的建议，消除多种平台的使用同在陆海空领域内实施的其他行动之间造成的冲突。只有这些部门密切协作才能将搜集计划落到实处，确保搜集计划与作战计划的同步，以便搜集行动能在关键时刻将关注点落在恰当的事件上。

联合作战部队可以建立一个由情报搜集与分析人员、目标定位人员、作战人员等组成的联合搜集管理委员会（Joint Collection Management Board，JCMB），实现搜集计划与作战计划的同步，确保监视、侦察行动与其他的情报搜集行动、反情报行动等协调一致。

---

[1] U.S. Headquarters Department of the Army. Army Doctrine Reference Publication 2-0 Intelligence[M]. Washington, D.C.: Government Printing Office, 2012: 5-8.

[2] 美国陆军师旅以上单位的参谋部情报部门称为G2，师旅以下部队的参谋部情报部门称为S2。

美国陆军部队在特定的地理区域内或具体任务中，一个发展趋势就是建立融合中心 (fusion centers)。融合中心既不是作战中心，也不是情报领导机构，而是由若干部队、组织或机构之间的一种特别协作机构，它们向中心提供资源、专业技能、信息和情报，主要用于集中信息搜集，其目的是为快速实施作战提供支援，改进特定地理区域或具体任务中多个参与方的信息共享。

4. 处理融合步骤——以情报门类来区分。美军认为，对情报的处理与加工是按照情报门类分门别类来进行的，即根据数据、信息搜集时所属的人力情报、地理空间情报、信号情报等七种情报门类来对信息进行处理与加工。综合美军联合出版物和陆军"情报"系列出版物关于"处理与加工"活动的描述，美军对情报的处理与加工如表 4-2 所示。

表 4-2　美军对情报的处理与加工

情报门类	处理与加工
人力情报（HUMINT）	各军种（职能）司令部将根据军种条令对人力情报文件进行加工和翻译，并将所有文件上报至联合部队情报部文件加工部门进行集中处理与保管。军种（职能）司令部及联合部队的情报搜集、处理机构或联合部队情报部反情报与人力情报参谋分队准备人力情报报告；联合部队及联合情报行动中心与联合部队的分析和生产机构对这些报告进行集中加工，为全源情报生产或数据库维护提供信息
地理空间情报（GEOINT）	主要由国家地理空间情报局负责，各军种及联合部队具有一定的空基、天基、商业图像加工的技术能力。图像加工过程可分三个阶段：第一阶段为时间主导阶段，在获取图像后的指定时间内（不超过 24 小时），尽快进行加工并报告，满足非常紧急的优先情报需求；第二阶段是在分析与报告需求时限内（通常为获取图像后一周），对所获图像进行详细分析，提供全面报告；第三阶段是对所有可用图像进行深入、长期分析（没有明确时间限制，但通常在一周以上），提供详细、权威的报告
信号情报（SIGINT）	既可由作战地域内的联合部队配属单位完成，也可由战区联合情报行动中心或军种（职能）组成部队、国防部的专门机构完成，主要是对通信情报、电子情报、外国设备信号情报等进行专业处理

续表

情报门类	处理与加工
测量与特征情报 （MASINT）	主要由中央测量与特征情报办公室和各军种的科技情报中心负责，对目标的声学、光学、无线电频率、红外线等各种测量与特征信号进行处理与加工，获取目标的位置、类型等属性
技术情报 （TECHINT）	联合作战司令部缴获器材，利用中心负责对缴获的敌方设备（计算机类存储介质类除外）进行处理与加工，从中获取敌方能力和弱点等信息
公开来源情报 （OSINT）	多利用商业公司对商业广播、电视、互联网以及报纸、杂志和其他书面出版物的文本、图像、声音和视频按照需求进行转换、翻译等
反情报 （CI）	军种（职能）司令部及联合部队的反情报与人力情报部门准备反情报报告，并与执法信息、可疑活动报告等其他反情报来源的信息进行融合，从而为征候与预警情报以及部队防护提供重要信息

资料来源：任国军.美军联合作战情报支援 [M].北京：军事科学出版社，2010：164–166.

第五章　美国陆军情报侦察组织实施

> 对任何一个指挥官来说，设法掌握敌人的动向是一件至关紧要的事。
>
> ——威斯特摩兰

　　美国陆军认为，侦察（reconnaissance）是旨在通过目视观察或其他探测方法，获取有关敌方或对手的活动及资源信息的情报，或搜集有关特定地区的气象、水文或地理特征的数据[1]。指挥官要通过实施侦察行动，确定相关地域的地形特征、影响敌我运动的障碍、敌兵力部署和民众分布情况，使所属部队能自如、迅速地实施机动[2]。早在 20 世纪 80 年代，美军在第 FM 17-95 号野战条令《骑兵行动》（1981 年版）中就指出："侦察的目的是搜集信息。指挥官可基于上述信息，制订计划，做出决策，下达命令。侦察含监视，监视即可利用各种手段进行系统的观察。"美军早期只提"情报、侦察"，没有"监视"

---

[1]　U.S. Headquarters Department of the Army. Field Manual 3-0 Operations[M]. Washington, D.C.: Government Printing Office, 2017: GL-15.

[2]　U.S. Headquarters Department of the Army. Field Manual 3-90-2 Reconnaissance,Security, and Tactical Enabling Tasks[M]. Washington, D.C.: Government Printing Office, 2013: 1-1.

专业术语。但随着技术的发展进步，战场上越来越多地使用技术装备进行长时间大范围的侦察，监视随即受到重视，地位作用日益上升。美国陆军认为，侦察与监视是紧密联系在一起的，但也有细微的区别，如表5–1所示。从表5–1中可以看出，美国陆军广义的侦察包含监视，二者都是为获取敌情和战场环境信息。但狭义上美国陆军认为二者有区别，侦察行动是主动的，主要依赖于人，而不是技术手段；监视行动是被动的，主要依靠技术手段，而不是主要靠人。

表5–1 美国陆军侦察与监视的联系与区别

项目	侦察	监视
定义	侦察是通过视觉观察或其他探测方法获取有关敌方或对手的活动和资源信息的情报，或者获取有关特定地区的气象、水文或地理特点以及本土人口方面的数据而采取的行动（见FM 3–90）	监视，即使用视觉、听觉、电子、照相或其他手段对空域、地面/水面或地下/水下的区域、位置、人员或事物进行系统的观察（见JP 3–0）
区别	①侦察行动主要依赖人，而不是技术手段；②侦察分队倾向于流动，侦察行动是一种聚焦的信息搜集活动，在指定时间内针对具体目标主动搜集信息；③侦察实施方式，赋予搜集力量的任务是通过系统检查地域内的不同位置来查明具体信息	①监视主要依靠技术力量，陆军的军事情报力量通常执行监视任务；②监视分队倾向于固定，监视通常是被动的，可能是连续的；③监视实施方式，搜集力量针对同一个地域，等待实体或其特征的出现来发现信息
联系	①侦察包括监视，监视是侦察其中的一项任务，侦察部队可将监视任务作为侦察任务的一部分来实施；②侦察和监视相互补充，机载监视力量可发现敌活动的信号，从而引发侦察任务，指挥官通过侦察对监视加以补充；反过来，监视在完成侦察任务重点的同时，能降低军人风险，从而提高侦察效率；③侦察与监视共有属性是观察和报告	

注：根据美军陆军野战条令FM 3–0 Operations、FM 3–55 Information Collection 相关内容综合而成。

第一节 侦察原则

美国陆军野战条令 FM 3-0《作战纲要》、美国陆军野战条令 FM 3-98《侦察与警戒行动》和美国陆军野战条令 FM 3-90.2《侦察、警戒与战术赋能行动》都指出，要成功地实施侦察行动，指挥官和侦察力量要贯彻以下七条原则。

1. **不间断实施侦察**。美国陆军认为，有效的侦察行动是连续不间断实施的。指挥官在实施所有作战行动之前、期间和之后，都要实施侦察行动。在实施作战行动之前，指挥官要通过实施侦察行动，努力填补敌情、地形和民事注意事项方面的信息空白；在实施作战行动期间，侦察力量要随着战斗进程的发展，不断向指挥官提供最新的作战信息，以判定敌方的编成、部署和意图。

2. **投入全部侦察力量**。美国陆军认为，每个侦察兵、每一双眼睛都有各自不同的作用。因此，侦察力量没有所谓的后备队，指挥官要将所有侦察力量当作已投入作战的力量，并承担不同的侦察任务，但这并不意味着要同时运用全部侦察力量。为了满足指挥官优先情报需求，指挥官将根据侦察力量的特点和任务情况，投入并使用侦察力量，以最大限度地覆盖整个侦察地域，使侦察力量的效能最大化。

3. **紧盯侦察目标**。美国陆军认为，指挥官通过明确具体任务的侦察目标来指导侦察行动。侦察目标可能包括地形特征、地理区域、威胁、敌人或民事考虑因素等，这些都是回应指挥官优先情报需求所必需的情报。指挥官对侦察部队合理编组，实现搜集指定目标所需情报能力的最大化。侦察力量的行动必须着重于某一具体目标，在完成任务之前不管遇到什么情况，都必须把重点放在侦察目标上。

4. **迅速准确上报情报**。美国陆军认为，侦察力量要努力获取并准确、及时地报告作战地域内有关敌情、地形和民事关注事项方面的信息。如果报告不及时，相关信息将迅速失去其价值。侦察分队要准确报告看到的情况以及没有看到的情况，敌方没有行动与敌方有行动，是同样重要的信息。迅速准确上报情报可为参谋人员分析情报并向指挥官提出建议留出更多的时间。

5. **保持机动自由**。美国陆军认为，战术行动自由与机动是侦察任务成功的关键。指挥官和参谋人员要考虑侦察部队的编组方式、机动技术和机动计划，确保部队的机动能力。侦察分队指挥官应提前确定与敌接触的可能地域，侦察力量必须保持其战场机动能力，必须拥有明确的开火条件，必须正确使用运动方法、侦察手段和掩护火力，并严格遵守其标准作战程序，避免全部卷入决定性交战行动，保持机动自由。

6. **保持与敌接触**。美国陆军认为，侦察分队一旦与敌建立接触，就要保持接触。只有指挥官改变侦察命令，或侦察分队可能被敌歼灭时，才能与敌脱离接触。但这并不意味着单个侦察组不能与敌脱离接触。侦察分队指挥官负责与敌保持接触，其中接触有多种样式，包括直接接触、通过民众接触、通过航空手段接触和通过电子手段接触等。

7. **迅速发展态势**。美国陆军认为，为增强指挥官对地形、敌人和民众等态势的快速把握，侦察力量必须迅速发现情况、迅速把握战场态势。侦察力量不管遇到障碍还是敌人，都必须迅速判明面临的情况。如果遇到敌军，必须迅速确定其编成、部署、行动和运动情况，并评估上述情况可能对己方行动的影响；如果遇到障碍，必须迅速确定其类型和范围以及是否有火力掩护。多数情况下，侦察力量要通过实施与敌接触行动以发展态势。

第二节　侦察范围

为了便于确定和描述作战中部队需要侦察监视的空间范围大小，美军将行动地域划分为作战地域（area of operations）、影响地域（area of influence）和关注地域（area of interest）[1]。

---

[1]　U.S. Headquarters Department of the Army. Army Techniques Publications 2-01.3 Intelligence Preparation of the Battlefield[M]. Washington, D.C.: Government Printing Office, 2021: 3-3~3-4.

作战地域 (area of operations)，是由地面指挥官定义的、足以完成任务并保护其部队的行动地域[1]。本级作战地域由上级指挥官确定和分配，通常在上级下达的作战命令或作战计划中明确，是本级全权行动地域。例如，旅的作战地域是师长指定的，旅长负责在作战地域进行作战行动。本级指挥官将其作战地域进一步划分为近战地域、纵深地域、支援地域和巩固地域，以从作战时间、作战空间和作战目的等角度描述部队的实际部署情况。

影响地域 (area of influence)，是指挥官通过由其指挥或控制的机动或火力支援系统，直接对作战行动施加影响的地理区域[2]。影响地域包括作战地域内外的区域，由情报部门和作战部门共同确定。该地域内，指挥官能够掌握并监视可能影响当前作战的敌方部队的进展情况，并使用建制的和支援的兵力与敌交战。

关注地域 (area of interest)，是指挥官感兴趣的，包括影响地域、邻近地域并延伸到敌占领区的地域[3]。关注地域由本级来确定。划分关注地域的目的是保证情报搜集活动针对可能直接影响己方达成任务的敌军部队。情报部门和作战部门通常根据指挥官对某一敌军的威胁做出反应所需的时间来确定关注地域的范围。例如，如果敌人有可能从翼侧进攻旅的作战地域，而旅的预备队需要 2 小时才能机动到两侧区域，那么根据敌军每小时理论推进 6 千米计算，就可以将关注地域至少向两翼侧以外延伸 12 千米。

以美国陆军旅战斗队阵地进攻战斗为例，其作战地域、影响地域和关注地域示意如图 5-1 所示[4]。

---

[1] U.S. Headquarters Department of the Army. Field Manual 3-0 Operations[M]. Washington, D.C.: Government Printing Office, 2017: GL-5.

[2] 同上。

[3] 同上。

[4] U.S. Headquarters Department of the Army. Army Techniques Publications 2-01.3 Intelligence Preparation of the Battlefield[M]. Washington, D.C.: Government Printing Office, 2021: 3-3~3-4.

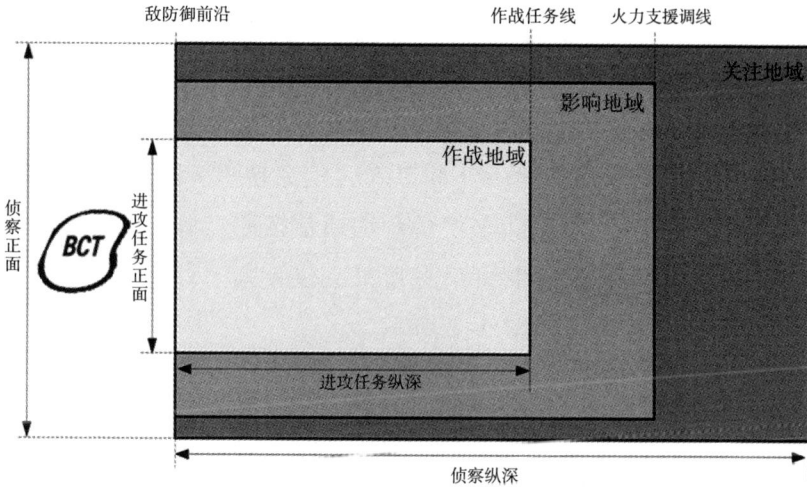

图5-1 美国陆军旅战斗队阵地进攻战斗作战地域、影响地域和关注地域示意图

以美国陆军斯特赖克旅战斗队阵地进攻战斗为例，通常情况下其作战地域、影响地域和关注地域区域大小如表5-2所示。

表5-2 美国陆军斯特赖克旅阵地进攻战斗作战地域、影响地域和关注地域大小

单位：千米

作战单位	作战地域		影响地域		关注地域	
	正面	纵深	正面	纵深	正面	纵深
斯特赖克旅战斗队	8 ~ 12	20 ~ 30	15 ~ 20	30 ~ 50	15 ~ 20	≥ 50

美军认为，与作战地域由上级指挥官确定不同，影响地域和关注地域通常由本级指挥官来确定，二者的空间范围大小通常是根据任务、敌情、地形、兵力及可供利用的时间等因素确定的。美军强调，影响地域和关注地域的确定有助于从营到军以上部队的指挥官集中情报需求。具体的情报需求由任务和态势决定。指挥官需要掌握与其相同指挥级别的敌军详细情报，以及与其高一级和低两级的敌军的详细资料。例如，旅长关心的是其影响地域和关注地域的敌军，需要敌方旅（同级）、军或师（高一级）和营或连（低两级）的情报。

第三节　组织实施

依据美国陆军条令出版物 ADP 2-0《情报》、条令参考出版物 ADRP 2-0《情报》、野战条令 FM 3-55《信息搜集》和 FM 2-19.4《旅战斗队情报行动》，美国陆军侦察行动通常按照"确定情报需求与评估—拟订信息搜集计划—制订信息搜集支援方案—评估调整侦察监视行动"四步组织实施，如图 5-2 所示。

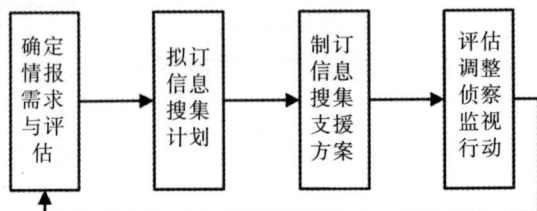

图 5-2　美国陆军侦察行动组织实施流程

1. 确定情报需求与评估。受领任务（也可能是预先号令）后，指挥官和作战参谋开始军事决策过程。战场信息搜集或称情报、侦察和监视活动由此开始。在受领任务和分析任务环节，情报参谋接收汇总情报搜集需求，创建需求管理工具，制定情报需求清单，确定情报缺口，评估本级搜集力量能力和风险，向作战参谋建议侦察监视任务分配建议。确定情报需求与评估主要包括三项工作。

（1）接收管理情报需求，确定指挥官优先情报需求。受领任务后，指挥官向情报参谋提供最初指导，在其指导中，指挥官陈述对作战地域的关键信息需求[1]。指挥官的指示明确关于己方、威胁方和作战环境其他条件的关键信息需求，这些需求明确了优先情报需求的关键部分，即在特定时间内指挥官成功计划、准备、执行和评估行动所必须

---

[1]　王浩，沈松，古娟. 美国陆军情报与信息搜集行动研究 [M]. 沈阳：辽宁大学出版社，2013：151.

了解的威胁和作战环境的其他条件 [1]。确定最初指挥官的优先情报需求是制订信息搜集计划最为重要的先决条件。美国陆军指挥官 × × 阶段优先情报需求如表 5-3 所示，美国陆军接收管理情报需求流程如图 5-3 所示。

表 5-3　美国陆军指挥官 XX 阶段优先情报需求

序号	类别	情报需求	时限要求
1	优先情报需求	敌第 375 旅战术群将沿着 1 号通道的哪个地方开始进行地域防御的塑造行动	× × 日 × × 时 × × 分前
2		敌第 85 特种部队是否破坏了 2 号通道北部的桥梁	× × 日 × × 时 × × 分前
3		敌第 375 旅战术群是否向目标 Alpha 派出 SA-18 防空导弹连	× × 日 × × 时 × × 分前
⋮		⋮	⋮

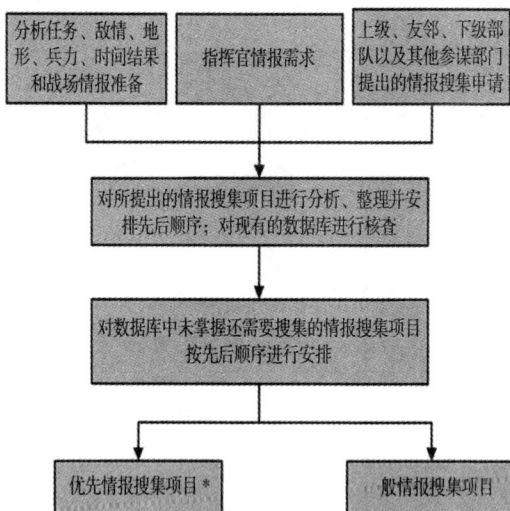

* 优先情报搜集项目由部门提出建议，由指挥官予以批准。

图 5-3　美国陆军接收管理情报需求流程

---

[1] U.S. Headquarters Department of the Army. Field Manual 2-19.4 Brigade Combat Team Intelligence Operations[M]. Washington, D.C.: Government Printing Office, 2008: 3-1.

（2）进行战场情报准备，确定指定关注地域。战场情报准备是制订信息搜集计划重要的先决条件之一。在战场情报准备过程中，会生成多种情报产品推动信息搜集计划的制订。其中，对制订信息搜集计划最为有用的产品是威胁事件模板。威胁事件模板标示敌可能的威胁位置、接近路、战斗区、支援区和袭扰区，构成指定关注地域或目标关注地域，侦察力量将集中在此展开搜集工作。美国陆军战场情报准备威胁事件模板及指定关注地域如图5-4所示。

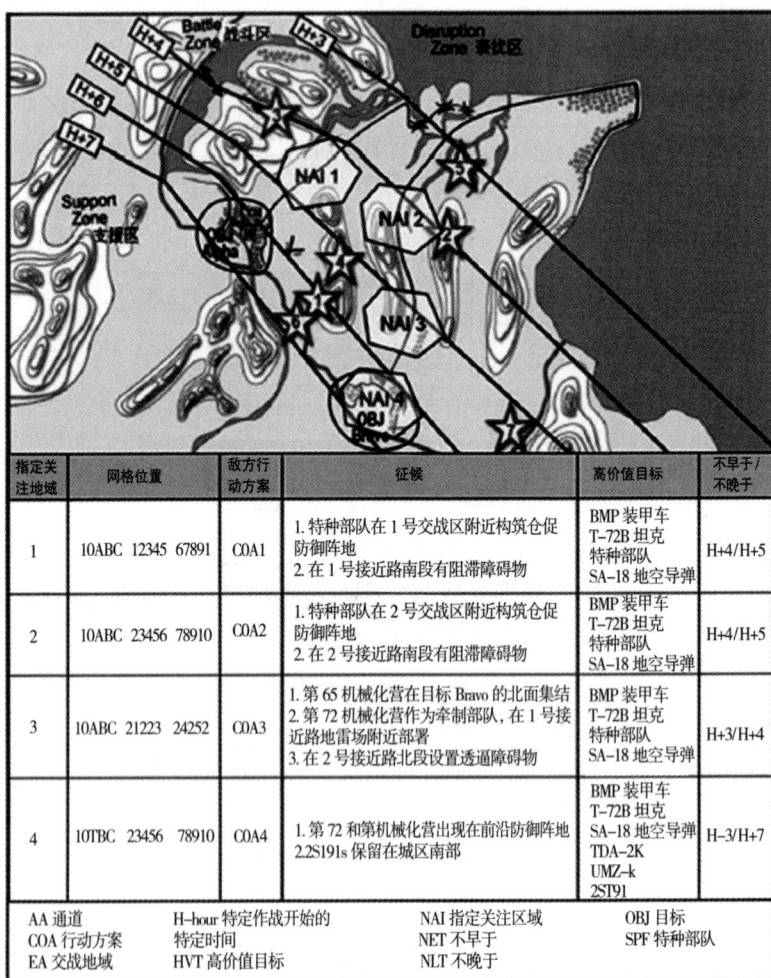

指定关注地域	网格位置	敌方行动方案	征候	高价值目标	不早于/不晚于
1	10ABC 12345 67891	COA1	1. 特种部队在1号交战区附近构筑仓促防御阵地 2. 在1号接近路南段有阻滞障碍物	BMP 装甲车 T-72B 坦克 特种部队 SA-18 地空导弹	H+4/H+5
2	10ABC 23456 78910	COA2	1. 特种部队在2号交战区附近构筑仓促防御阵地 2. 在2号接近路南段有阻滞障碍物	BMP 装甲车 T-72B 坦克 特种部队 SA-18 地空导弹	H+4/H+5
3	10ABC 21223 24252	COA3	1. 第65机械化营在目标Bravo的北面集结 2. 第72机械化营作为牵制部队，在1号接近路地雷场附近部署 3. 在2号接近路北段设置透逼障碍物	BMP 装甲车 T-72B 坦克 特种部队 SA-18 地空导弹	H+3/H+4
4	10TBC 23456 78910	COA4	1. 第72和第机械化营出现在前沿防御阵地 2. 2S191s 保留在城区南部	BMP 装甲车 T-72B 坦克 SA-18 地空导弹 TDA-2K UMZ-k 2ST91	H-3/H+7
AA 通道 COA 行动方案 EA 交战地域	H-hour 特定作战开始的特定时间 HVT 高价值目标		NAI 指定关注区域 NET 不早于 NLT 不晚于	OBJ 目标 SPF 特种部队	

图 5-4　美国陆军战场情报准备威胁事件模板及指定关注地域

（3）评估搜集能力及风险，形成情报需求清单并向作战参谋提出信息搜集计划建议。依据指挥官优先情报需求和战场情报准备形成的指定关注地域，情报参谋评估建制搜集力量的侦察能力和不足：考虑制约条件，如天气情况、人员恢复或维修时间限制；确定关键事实和假定，如图像请求可能需要 72~96 小时才能满足，或人力情报需要大量时间来完成；实行风险评估，如将一个传感器靠前配置，可传回有价值的数据和信息，但也会置于较高的安全威胁之下。综合这些情报需求和能力风险评估，情报参谋向作战参谋提出信息搜集建议。

2. 拟订信息搜集计划。该环节是由情报参谋负责工作向作战参谋负责工作的过渡环节。作战参谋根据情报参谋建议，为信息搜集力量分配任务，制订信息搜集计划。作战参谋和情报参谋紧密合作，以保证将信息搜集活动与总体计划保持同步并融入总体计划中。信息搜集计划通过任务分配对搜集力量赋予经过排序的具体需求。该计划至少包括以下内容：①为何搜集——回复指挥官优先情报需求；②搜集什么——具体情报需求和信息要点；③在哪里搜集——指定关注地域和目标关注地域；④何时搜集和时长——开始时间和结束时间；⑤谁来搜集——承担搜集任务的力量。美国陆军信息搜集计划示例如表 5-4 所示。

表 5-4 美国陆军信息搜集计划示例

优先情报需求	征候	具体情报需求（信息基本要素）	指定关注地域	开始时间	结束时间	力量									
						旅战斗队							旅以上梯队		
						第1营	第2营	第3营	侦察营	"影子"无人机	"预言家"	人工情报搜集队	通信情报	电子情报	其他
1. 敌第375旅战术群将沿着通1号通道的哪个地方开始进行地域防御塑造行动？	1.1 敌特种部队在1号战区和2号交战区附近的仓促战斗阵地	1.1.1 报告协调敌军运动的通信	1, 2	H-48	H+2	C	C	C	C	NT	TA	NT	R	R	
		1.1.2 报告战斗人员运动至防御阵地的情况	1, 2	H-48	H+2	C	C	C	TP	TA	TA	NT	R	R	
		1.1.3 报告侦察力量的通信	1, 2	H-48	H+2	C	TA	C	TP	TA	TP	NT	R	R	
	1.2 在1号通道和2号通道行进行上阻滞性障碍物	1.2.1 报告工程兵力量的位置	1, 2, 3	H-48	H+2	C	C	C	TP	TA	TA	NT	R	R	
		1.2.2 报告预先设置障碍带的位置	1, 2	H-48	H+2	C	C	C	C	TP	TA	TA	R	R	

注：1. 此表根据美国陆军技术出版物 ATP 2-01.3 Intelligence Preparation of the Battlefield（2019年3月版）和王浩、沈松和古娟编译的《美国陆军情报与信息搜集行动研究》相关内容综合绘制而成。

2. H为小时；C为有能力的；NT为没担负任务；TA为担负替换任务；TP为担负主要任务；R为请求。

在拟订完成信息搜集计划之后，为直观展示信息搜集计划，美军一般还绘制信息搜集透明图，作为作战命令的附件一并下发。信息搜集透明图通常包括己方边界和调整线、侦察移交线、指定关注地域、目标关注地域和火力支援控制措施等内容。美国陆军信息搜集透明图如图5-5所示。

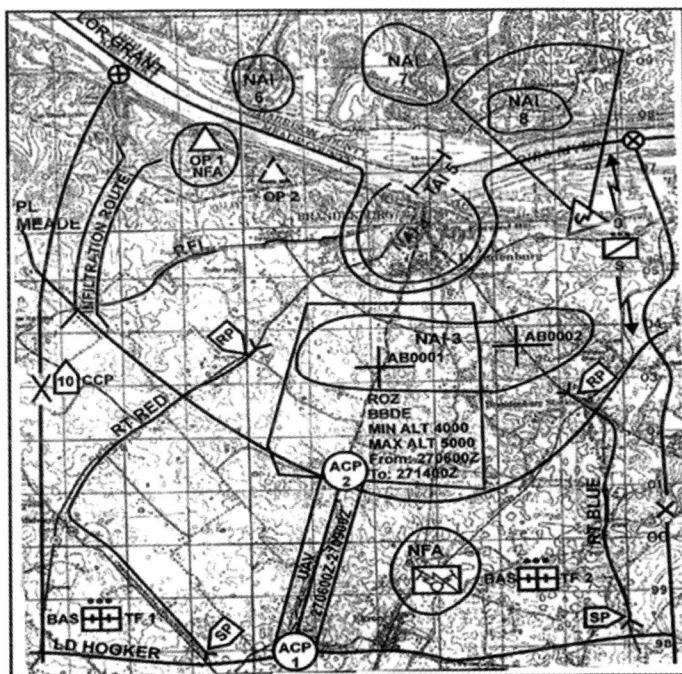

图5-5　美国陆军信息搜集透明图

3. **制订信息搜集支援方案**。该步骤中，主要是为信息搜集行动提供机动、火力和后勤等支援保障。参谋机构负责制订最初支援方案，指挥官批准该方案并为部队分配任务、下达作战命令。信息搜集支援包括火力、运动、防护和保障（包括后勤、人事勤务、医疗卫生勤务和其他相关保障职能）。该方案至少应包括表5-5中所列项目。

表 5-5　美国陆军信息搜集支援方案

作战职能	支援事项
运动和机动	为力量提供进出执行任务位置的路线
火力	①召唤火力；②请求直接攻击直升机支援；③请求直接空中支援
防护	防空
保障	①医疗后送请求；②伤员后送请求；③旋转翼飞机的着陆区和搭载区程序，以实施空地一体化、伤员后送或空中补给；④伤亡报告；⑤重组；⑥邮政和行政支援；⑦宗教支援；⑧物资再补给；⑨车辆、搜集平台和系统等的野战维修支援、抢救和后送

资料来源：王浩，沈松，古娟.美国陆军情报与信息搜集行动研究[M].沈阳：辽宁大学出版社，2013：168。

4.评估调整侦察监视行动。信息搜集行动开始以后，情报参谋通过掌握情报、监视和侦察力量报告过程以及情报生产对指挥官优先情报需求的满足程度，评估信息搜集行动，与作战参谋协同配合更新信息搜集计划，为搜集力量重新分配任务。

（1）监控信息搜集行动，评估需求满足情况。情报参谋监控并维持情报、监视和侦察行动协同，将报告与情报、监视和侦察任务关联；审读所接收报告的相关性、完整性和及时性，评估报告并确定情报需求是否已经被满足；向搜集人员和分析人员提供反馈。

（2）更新信息搜集计划，调整侦察监视行动。当指挥官优先情报需求得到满足时或在信息具备价值的最后时间之后仍未满足需求时，情报参谋剔除已完成的需求，增加新的需求，允许完成任务的力量释放资源；建议针对未能满足的需求重新分配力量，过渡到下一步行动，重新调整信息搜集力量执行其他或新的情报搜集任务。

第四节　侦察方式

美国陆军把侦察行动主要区分成四种形式：路线侦察、地带侦察、地域侦察和战斗侦察。美国陆军侦察力量与侦察样式对应如表 5-6 所示。

表 5-6　美国陆军侦察力量与侦察样式

侦察样式	侦察排	连	空中骑兵连	侦察营或中队	作战旅	师
路线侦察	√	√	√	×	×	×
地带侦察	√	√	√	√	×	×
地域侦察	√	√	√	√	×	×
战斗侦察	×	×	×	×	√	√

资料来源：U.S. Headquarters Department of the Army. Field Manual 3-90-2 Reconnaissance,Security,and Tactical Enabling Tasks[M]. Washington, D.C.: Government Printing Office, 2013: 1-5~1-11.

1. 路线侦察（route reconnaissance）。美军路线侦察是根据上级命令，为获取特定路线及沿途敌方可能用来影响己方沿该路线运动的所有地形的详细信息而实施的侦察行动。路线侦察不仅包括道路本身，还包括敌人可能影响己方部队运动的所有沿线地形。如沿途障碍和桥梁等情况，以及民众和敌军在沿途的活动情况。当指挥官想指挥部队沿特定路线运动时，通常实施路线侦察[1]。通常在道路两侧确定分界线，在起始点设置出发线、在终点设置推进底线、在途中设置若干调整线的方式来控制行动。一般而言，一个侦察排每次仅能沿一条道路实施路线侦察。在实施路线侦察过程中的主要行动包括：发现、报告道路沿途的敌军，确定道路通行性，勘查道路两侧敌军可能利用的有利地形，评估道路沿途桥梁、隘路、涵洞、

———————

[1] U.S. Headquarters Department of the Army. Field Manual 3-0 Operations[M]. Washington, D.C.: Government Printing Office, 2017: 5-11.

天桥和地下通道等，标记道路沿途可以绕过障碍的渡口、路口或迂回路的位置，确定所有障碍位置并开辟通路，绘制路线侦察要图并向司令部报告路况，等等。

2. 地带侦察（zone reconnaissance）。美军地带侦察是指根据上级命令，为获取由分界线划定的地带内所有道路、障碍、地形和敌军详细信息或具体民事事项而实施的侦察行动。障碍包括现有的自然障碍、人工改造的障碍以及核生化与放射性沾染区。指挥官在向特定地带投入其他力量之前，需要进一步了解该地带的敌情或地形情况时，通常实施地带侦察。指挥官可将地带侦察任务拆分为几个路线侦察或地域侦察的任务，分别赋予所辖的部队加以执行。与其他侦察样式相比，地带侦察最为耗时，通常要求所有地面侦察分队从出发线开始，并肩展开，同步推进，并延伸至纵深。但是，如果侦察目标是敌军，指挥官将不会细致地进行地带侦察，而将力量集中于那些能够揭示敌方部署与意图的指定关注地域实施侦察。在实施地带侦察过程中，侦察分队的主要行动包括：发现并报告相关地带的所有敌情，根据开火条件，以自身力量肃清所属行动地域内的所有敌军，确定相关地带地形的通行性，确定相关地带内沾染区位置及范围，绘制地带侦察要图并向指挥官报告路况信息等。

3. 地域侦察（area reconnaissance）。美军地域侦察是为获取指定地域内敌人活动、地形情况和民事事项的详细信息而实施的侦察行动。目的是重点获取特定地域内敌情、地形等详细信息，该地域可能是一座桥梁、一个城镇、一片树林或一段山脉或一个军事基地。地域侦察与地带侦察的主要区别是：部队在实施地域侦察时，首先要运动到需要侦察的地域，而后实施侦察；实施地带侦察时，侦察分队通常从出发线就要开始侦察。地域的幅员通常比地带小，也不与其他部队要侦察的地域毗邻。正是由于地域的幅员通常比地带小，部队进行地域侦察的用时通常少于地带侦察的用时。指挥官通常利用出发线、左右分界线和推进底线，为侦察分队划定侦察地域，并用调整线控制侦察行动，侦察分队遂行地域侦察的主要行动与地带侦察相同。

4. 战斗侦察（reconnaissance in force）。美军战斗侦察是为查明或验证敌兵力、部署和反应或为获取其他信息而实施的预有准备的战斗行动，也称武力侦察或使用兵力侦察。美国陆军作战纲要指出："作战环境情况不明，就实施战斗侦察。"[1] 通常由营级或营以上规模的部队实施，意图是发现或试探敌实力、配置和反应，主要目的是发现敌人的弱点所在。与其他形式的侦察行动相比，战斗侦察通常只为了获取有关敌情而不是地形的信息。战斗侦察是一种攻击性的侦察行动，要像实施进攻行动一样清楚阐明侦察目标。2003 年 4 月 5 日，美军第 3 机步师第 1 旅发起作战行动，突入巴格达西部。为确定巴格达市区伊军防御部队的编成、兵力和部署情况，第 3 机步师第 1 旅决定实施营规模横穿巴格达市区的战斗侦察，代号"迅雷"行动。第 3 机步师第 1 旅派遣第 64 装甲团第 1 营实施战斗侦察，该营沿 8 号公路实施接敌运动，确定伊军的部署、兵力和战斗意志。尽管受到了伊军的一些抵抗，但第 1 营仍迅速进到目标区。通过实施战斗侦察行动，美军摸清了伊军的兵力规模、配置位置和可能战术，于 7 日发动更大规模的作战行动，最终占领了巴格达市区，推翻了萨达姆政权。

[1] U.S. Headquarters Department of the Army. Field Manual 3-0 Operations[M]. Washington, D.C.: Government Printing Office, 2017: 5-11.

第六章　美国陆军情报分析研判

　　任何危机时期的部署能否取得成功，取决于是否有一套可靠的指挥与控制系统和一套灵活而可靠的战略和战术情报搜集、分析和分发系统。

　　　　　　　　　　　　　　　　　　　　——施瓦茨科普夫

　　美军认为，情报是敌"带有欺骗意图的信息"，不仅需要鉴别真伪，还要与其他情报反复比对、多方验证，如此才可能得出正确的判断结论。分析内容涉及敌作战能力、作战重心和行动方案等多个方面；分析流程包括综合、评估、分析、解释等多个环节；分析人员涉及情报分析整编人员、情报参谋和指挥官等多级多类人员；分析结果既有对单个目标的判断，也有对局部情况的描述，还有对全局情况的综合研判。为此，美军建立了定量标准，明确了分析步骤，运用系列创新性方法，确定了分析研判的重点内容，力图实现情报分析的规范化、标准化和科学化。

第一节　定量标准

美国与美军历来重视情报分析工作，注重改进情报分析方法，提升情报分析质量。2004 年 12 月，美国国会通过《情报改革和恐怖主义预防法案》，设立国家情报总监及办公室，负责统一领导军方和非军方共计 16 个情报机构，并赋予其制定情报分析标准、提高情报分析水平和情报产品质量的职责。美国国家情报总监于 2007 年制定、2015 年 1 月修订的第 203 号情报界指令《情报分析标准》对情报分析的标准和方法作出了明确规定，要求所有情报分析产品应符合 5 项分析标准、包含 9 项情报分析要求[1]。具体分析标准及要求如下。

1. 客观。分析人员必须客观履行职责，懂得综合运用个人主观假定和推理，通过运用推理技巧和实践经验揭示和减少偏见。分析人员应警惕旧有分析立场或判断的影响，必须将其他观点和相对立的信息考虑在内。当新的事态发展表明有必要进行修改时，分析人员不应过分受限于旧有的判断。

2. **不受政治因素影响**。在分析评估过程中，不得受某一特定用户、政治集团或某种倾向的影响而曲解事实或为其辩护。分析判断不能受某一政策偏好的影响。

3. **及时**。分析结果必须及时分发，以便用户采取行动。分析单位有责任持续跟踪具有情报价值的事件、用户的活动与日程，以及情报需求和优先事项，以便适时提供有用的分析。

4. **基于现有所有情报来源进行分析**。分析人员应参考所有现有相关信息，分析单位应了解重要信息缺口并予以解决，与搜集单位和数据提供方通力合作，制订情报获取和搜集计划。

5. **执行并落实情报分析要求**。分析要求如下：①恰当描述情报来源、数据及分析方法的质量和可信度；②说明和解释与主要分析判断

---

[1]　美情报总监办公室第 203 号情报界指令《情报分析标准》，第 3-7 页。

相关的不确定性因素；③严格区分基础性情报信息与分析人员的假设和判断；④纳入其他可能性分析；⑤说明用户相关性并陈述影响；⑥论证清晰合理；⑦分析判断要保持连贯性，如有变化应作出解释；⑧作出准确判断和评估；⑨视情加入有效的可视图表。

为使情报分析标准化和定量化，美国情报界统一了情报分析时使用主观定性判断词语表示可能性的标准术语以及该术语表示的定量百分比数据，以便向用户传达准确的信息。美国情报界规范的可能性表述标准术语及其定量大小如表 6-1 所示。

表 6-1　美国情报界可能性表述标准术语及其定量大小

可能性或可信性文字描述 （description of probability or confidence）	同义词 （synonyms）	百分比数值表示 （percent）
几乎不可能（almost no chance）	remote	1%~5%
非常不可能（very unlikely）	highly improbable	6%~20%
不太可能（unlikely）	improbable/improbability	21%~45%
有一半可能（roughly even chance）	roughly even odds	46%~55%
很可能（likely）	probable/probably	56%~80%
可能性很大（very likely）	highly probable	81%~95%
基本确定（almost certainly）	nearly certain	96%~99%

与美国情报界的情报分析标准相对应，美国陆军强调，情报分析人员应当把作战环境的已知事实（infact）与未经检验的假设（assumption）区分开。要求对情报的来源可靠性与该条信息的本身可信性分别独立进行评估，即用字母"A～F"来对每条新信息的情报来源可靠性进行评估，用数字"1～6"来对每条新信息本身的可信度进行评估，最后使用字母和数字混合标记其可信程度。评判的主要依据是以同一情报来源原先所提供信息的准确性、特定情报侦察装备能力性能以及评估人员的经验直觉。例如，从"相当可靠"的情报

来源渠道获取一条"可疑"的信息，则该信息的情报来源可靠性标记为"C"，信息本身可信性标记为"4"，最终该条信息可信程度标记为"C-4"，进而为后续的情报分析起到参考作用。美国陆军情报来源可靠性与信息可信性评估如表 6-2 所示。

表 6-2　美国陆军情报来源可靠性与信息可信性评估

情报来源可靠性 (reliability of the source)		信息可信性 (credibility of the information)	
A	完全可靠 (completely reliable)	1	已被其他信息来源证实 (confirmed by other sources)
B	一贯可靠 (usually reliable)	2	很可能真实 (probably true)
C	相当可靠 (fairly reliable)	3	有可能真实 (possibly true)
D	并非经常可靠 (not usually reliable)	4	可疑 (doubtful)
E	不可靠 (unreliable)	5	不可能 (improbable)
F	无法判断其可靠度 (reliable cannot be judged)	6	无法判断真实性 (truth cannot be judged)

资料来源：任国军．美军联合作战情报支援 [M]．北京：军事科学出版社，2010：169–170.

　　情报分析完成以后形成情报产品时，为说明情报产品的可信程度，美国陆军使用"情报置信度等级"（intelligence confidence level）来表明情报人员在分析判断时对情报产品的置信度等级的主观判断，以一种制式的、一致的形式将分析结论呈现给情报用户，以便指挥官在使用这些情报时确切知晓"哪些是基于态势和敌方事实而确切掌握的情况，哪些是未经验证的推断"[1]。事实上，1995 年美军在联合出版物 JP 2-0《联合情报》中就首次提出情报置信度等级，采用"文字或百分比数值"的形式来表示情报置信度等级范围，分别用可靠

[1]　U.S. Joint Chiefs of Staff. Joint Publication 2-0: Joint Doctrine for Intelligence Support to Operations[M]. Washington, D.C.: Government Printing Office, 1995: IV-6.

（confirmed，95% 以上）、很可能（probable，75% 以上）、可能（likely，50% 以上）、有可能（possible，5% 以上）、可疑（doubtful，4% 以下）五个等级来表示。2007 年，美军联合出版物 JP 2-0《联合情报》在附录中重新区分为极有可能（highly likely，>90%）、可能（likely，60% ~ <90%)、机会均等（even chance，40% ~ <60%）、不太可能（unlikely，10% ~ <40%）、极不可能（highly unlikely，<10%）五个等级。但上述五个等级的情报产品置信度评定过于复杂，2013 年 10 月，美军联合出版物 JP 2-0《联合情报》中，从情报来源的可靠性及信息的可信性、重要假设的数量、论证的力度三个方面，将情报产品置信度等级简化为低级、中级和高级三个等级，提升了实用性和可操作性。美国陆军情报产品置信度等级如表 6-3 所示。

表 6-3　美国陆军情报产品置信度等级

置信度等级	情报来源的可靠性及信息的可信性	重要假设的数量	论证的力度	术语 / 措辞
低级	出自好的情报来源或者不重要来源的未经证实的信息	有大量假设	通常逻辑推理力度不强，或者方法运用较少；存在明显的情报中断	可能；可以，也许；无法判断，不清楚
中级	出自好的情报来源但部分信息未经证实	有一些假设	混合有较强的和较弱的逻辑推理和方法运用；存在很少的情报中断	很可能，很不可能；可论证的，不可论证的；预料，看起来可能
高级	出自被证实的来源的充分验证的信息	存在极少假设	充分的逻辑推理和方法运用；没有或者存在很少不重要的情报中断	将会，不会；几乎肯定；非常可能，非常不可能；认为，断言，确认

资料来源：U.S. Joint Chiefs of Staff. Joint Publication 2-0: Joint Intelligence[M]. Washington, D.C.: Government Printing Office, 2013: A-2.

第二节 分析步骤

美军认为，分析（analysis）是情报流程（intelligence process）中至关重要的一环，是实现信息（information）到情报（intelligence）质的飞跃的关键所在。但"情报不是一门精确的科学"，"情报是定量分析和定性判断的综合体"[1]。情报分析是一项千差万别、十分复杂的创造性活动，要抽象总结出所有来源及类型的信息经过分析变成情报的过程和步骤是非常困难的。正因为如此，美军在 2004 年以前尽管也强调了分析在情报流程中的重要性，但并没有对分析的具体步骤做出明确表述。

2004 年 10 月 7 日，美军首次在联合出版物 JP 2-01《军事行动的联合与国家情报支援》中明确指出，信息需要经过综合（integration）—评估（evaluation）—分析（analysis）—解释（interpretation）四步才能形成情报产品。美军强调，这四步虽然按先后顺序列出，但可能同时并行发生。美国陆军作为联合作战的基本军种，也遵照这一步骤执行。美国陆军情报分析研判步骤如图 6-1 所示。

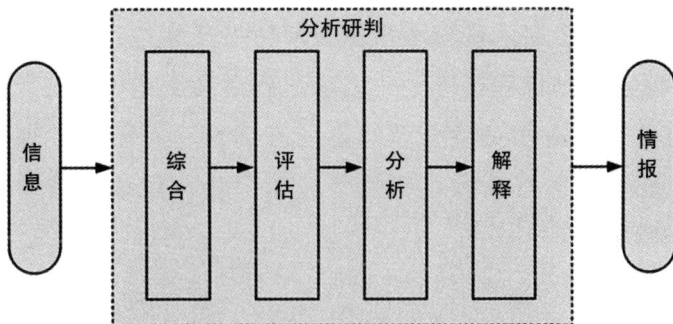

图 6-1 美国陆军情报分析研判步骤

---

[1] U.S. Joint Chiefs of Staff. Joint Publication 2-0: Joint Intelligence[M]. Washington, D.C.: Government Printing Office, 2013: I-2.

综合—评估—分析—解释各步[骤]内容，如表 6-4 所示。

表 6-4　美国陆军[情报分析]步骤及内容

步骤	内容
综合 （integration）	各级情报分[析机]构汇总"单源"或"多源"信息，将信息录入数[据库，]按照预定标准对相关主题信息进行分组与综合，以[对有意义]的信息进行评估
评估 （evaluation）	以同一[信息来源]所提供信息的准确性、特定情报侦察装备能力性能等[信息，]通过评估人员的主观判断，对每条新信息的来源可[信度与信]息本身可信度分别进行独立评估
分析 （analysis）	将评[估后的]信息与其他已知事实关联比较、逻辑分析，并对其结果[做出]综合判断
解释 （interpretation）	以[军事]常识、作战经验、敌方作战思想及原则、现有情报等为基础，进行客观的比较与推理，识别新行动并对其意义做出预测

资料来源：任国军. 美军联合作战情报支援 [M]. 北京：军事科学出版社，2010：169-170.

美军认为，情报分析的目的是向指挥官及时提供最优质的情报，以支持他们做出决策 [1]。在经过综合—评估—分析—解释四步生成情报成品时，情报生产人员应不断努力使情报产品达到最佳品质。美军联合情报原则中的优质标准——力求达到最高质量标准强调情报产品质量标准必须具有预见性、及时性、准确性、可用性、完整性、相关性、客观性和可得性八个特性 [2]。美军联合作战优质情报的特性如表 6-5 所示。

[1]　U.S. Headquarters Department of the Army. Army Techniques Publications 2-33.4 Intelligence Analysis[M]. Washington, D.C.: Government Printing Office, 2020: 1-2.

[2]　U.S. Joint Chiefs of Staff. Joint Publication2-0: Joint Intelligence[M]. Washington, D.C.: Government Printing Office, 2013: II-7.

表6-5 美军联合作战优质情报的特性

优质情报的特性	内容描述
预见性	情报必须能预见指挥官和参谋人员的信息需求
及时性	情报必须在指挥官需要时提供，在情报的及时性与完整性之间做出平衡时，应偏向及时性
准确性	情报必须确凿属实，反映形势的本来面目，并在评估敌方实施拒止和欺骗行动可能性的基础上，对所有可用信息合理判断
可用性	情报必须满足指挥官的特定需求，应使用标准术语，简明扼要，易于理解，结论直截了当，并以一目了然的形式提供
完整性	完整的情报应尽可能全面地回答指挥官有关敌方和作战环境的问题，同时还要告诉指挥官哪些重要性仍然是未知的
相关性	情报必须与即将开始的作战行动的计划和实施密切相关，并有助于指挥官完成其所受领的任务
客观性	情报上报指挥官时，必须保持客观，不要夹杂偏见，防范为附和指挥官既定的行动方案或迎合指挥官的预想而进行改动、扭曲或臆造
可得性	情报必须使用恰当的密级划分，具有互通和互操作能力，便于指挥官和其他情报用户随时取用

资料来源：U.S. Joint Chiefs of Staff. Joint Publication2-0: Joint Intelligence[M]. Washington, D.C.: Government Printing Office, 2013: II-7 ~ II-8.

在此基础上，美国陆军又提出情报有效性九项质量标准：准确性、及时性、可用性、完整性、精确性、可靠性、相关性、预测性、可定制[1]。美国陆军有效情报质量标准如表6-6所示。

---

[1] U.S. Headquarters Department of the Army. Army Doctrine Reference Publication 2-0 Intelligence[M]. Washington, D.C.: Government Printing Office, 2012: 2-1~2-2.

表 6-6　美国陆军有效情报质量标准

有效情报质量标准	内容描述
准确性	情报应尽可能通过多种来源、多种手段来准确查明敌方意图、能力、局限性和配置，最大限度地降低欺骗或误判的概率
及时性	尽早提供情报为作战行动提供支援，防止敌方突然袭击；在行动开始之前、期间和之后，必须源源不断地向指挥官提供情报
可用性	情报必须使用正确的数据文件规范，以便构建数据库和进行显示，并有助于进一步分析、生产、整合为作战所用
完整性	情报简报和产品要尽可能完整地传达给所有必要的部门
精确性	情报简报和情报产品要尽可能具备回答需求所需的详细程度和复杂程度
可靠性	情报要对搜集到的信息，以及生成的情报简报和产品中所使用的信息进行评价，确定其可信赖、未篡改、未失真的程度
相关性	情报要支持指挥官需求
预测性	情报要把敌方能做什么（威胁能力，突出强调敌方最危险的行动方案）和最可能做什么（敌方最可能的行动方案）通报给指挥官
可定制	情报以指挥官、下属指挥官和参谋机构申请的形式进行分发共享

第三节　分析方法

美军情报分析植根于美国情报分析研究的沃土之中，在历次战争实践的情报需求中不断得到探索与发展。情报分析发展曲线的时间节点多由战争爆发而兴起，随战争结束而陷入低谷，波浪起伏前进，发展趋势平缓上升。但美军自"二战"中因珍珠港遭偷袭等情报分析预警失误后迅速检讨反思，后续在朝鲜战争、古巴导弹危机、越南战争和美苏争霸等战争需求持续牵引之下，美军的情报分析理论与实践日趋勃兴。20 世纪 40 年代中期至 60 年代中期是主要以逻辑推理、历史经验为主的借鉴与开创阶段，经历20世纪60年代中后期至90年代初的定量分析、政治导向的丰富与争鸣阶段，再到21世纪以来利用新技术、探索新理念的不断整合与创新阶段，美国涌现出了传统分析、群体分析、定量分析、竞争性假设分析、"机会"分析、"可选择"分析和"枢纽"分析等多种情报分析理论。美国情报分析理论发展如表6-7所示，美国情报分析应用理论的基本情况及优缺对比如表6-8所示。

表6-7 美国情报分析理论发展情况

理论流派	20世纪40年代	20世纪50年代	20世纪60年代	20世纪70年代	20世纪80年代	20世纪90年代	21世纪初期	2010年以后
	起源：借鉴与开创			发展：丰富与争鸣			现状：整合与创新	
传统分析	萌芽	形成		成熟与持续发展				
群体分析	萌芽		形成		成熟与持续发展			
定量分析	萌芽			形成		成熟与持续发展		
机会分析	萌芽				形成		成熟与持续发展	
情报失误分析	萌芽			形成			成熟与持续发展	
可选择分析	萌芽			部分形成			形成 *	
分析转型	萌芽							形成
结构化分析	萌芽和部分形成							形成

资料来源：李景龙.美国情报分析理论发展研究 [M].北京：军事科学出版社，2014：91.

注：*2008年前后，美国情报理论界提出了"结构化分析技巧"的新概念，"可选择分析"理论被"结构化分析"理论替代。

表 6-8 美国情报分析应用理论对比

类别	理论						
	传统分析理论（经验和逻辑推演）	定量分析理论	群体分析理论	竞争性假设分析理论	"机会"分析理论	"可选择"分析理论	"枢纽"分析理论
适用范围	普遍经验，总结经验，寻找规律进行趋势推断，是其他分析理论应用的基础	可以用数学方法模拟的问题	一般适用于各种问题，但要耗费更多的人力和时间	普遍适用于各种问题，以科学程序帮助分析者应对不熟悉的领域	与政策制定紧密相关，提醒决策者关注影响美国利益的机会和风险	适用于分析问题复杂，结论范围比较广泛的情境	普遍适用，以严格的标准改善分析质量和与政策的相关性
借鉴	社会科学的基本方法论工具	数学和计算机科学	组织行为学	认知心理学	政治科学和决策科学	政治科学和认知科学	政治科学和认知科学
推理方式	普通逻辑的归纳与演绎，分析与综合，类比与模拟	主要是数理逻辑，结合形式逻辑	包容所有逻辑推理形式	包容所有逻辑推理形式	包容所有逻辑推理形式	包容所有逻辑推理形式	包容所有逻辑推理形式
结论形式	结论唯一，包括评估，描述状态和预测趋向	结论唯一，主要包括评估，包括评估状态和预测趋向	结论唯一，包括评估，描述状态和预测趋向	有备选结论，包括评估，描述状态和预测趋向	有备选结论，主要是评估可能性，预测趋向和提出建议	有可选择的结论，主要是评估可能性，描述状态和预测趋向	结论唯一，包括评估可能性，描述状态和预测趋向
与决策的关系	严格中立，绝对客观，与政治保持合适距离	中立客观，保持必要的交流	中立客观，保持必要的交流	中立客观，保持必要的交流	主动与决策互动，是充分分析的必要环节	与决策保持良好互动	与决策保持良好互动
对策	不提出	不提出	很少提出	不提出	提出	需要时提出	必要时提出
理论缺陷	应对环境简单，问题单一的情境，对冷战后出现的新问题效果不佳	主观评估，把概率作为定量分析时效性差，易受"集团思维"影响结论的可靠性	操作复杂，时效差，易受"集团思维"影响	虽然强调对认知偏见的关注，但并不能彻底克服思维的局限性	分析客观性可能难以把握，分析者若各执多个结论，易充当决策失误的"替罪羊"	决策者可能难以抉择多个结论，从而低估分析的能力价值	标准化的术语和严格的分析模式本身，需进一步成熟并修改

资料来源：张晓军，等. 美国军事情报理论研究[M]. 北京: 军事科学出版社, 2007: 132-134.

由于美国情报分析理论主要是对战略情报的分析，针对战场上的情报分析，美军采撷这些学术界和情报界的战略情报分析理论精华，量身打造适应复杂战场及快速变化的军事情报分析。当前，美国陆军情报分析方法可以区分为以结构化、诊断性分析为代表的基本分析方法，以聚焦陆军决策为目标的集思广益法、对比法和数学分析法等核心分析方法，以及运用逆向思维、不确定思维的新兴分析方法。

基本方法——结构化、诊断性分析方法。 美国陆军认为，结构化分析和诊断性分析这两大类基本分析方法是适用于美国陆军战略、战役和战术各层级的基本情报分析方法，是大多数分析的起点，是陆军运用其他分析方法的基础。结构化分析方法是最简单的分析方法，类似于搭建或拆解积木方式，把问题的元素拆分开来，有条理地重新组织起来，然后以一种系统、高效的方式重新审视这些信息。美军强调，"结构化能够改进分析，使之更严谨；也能够改进情报成品，使之更有说服力；能够提供衡量分析进展的方法，便于查找还缺少什么信息"[1]。但单纯依靠结构化分析本身未必能够提供问题的答案，但是能提供有助于解决问题的见解。基本的结构化分析方法包括：分类、矩阵、敌方意图矩阵、事件图绘制、事件树、主观概率和加权（权重）排序[2]。诊断性分析方法的主要作用是使分析论点、假设或情报缺口更加透明，通常与其他分析方法结合使用，从而进一步巩固分析结论。常用的诊断性分析方法包括：欺骗识别、关键假设检查、信息质量检查和活动征候分析。美国陆军结构化、诊断性基本分析方法及运用如表6-9所示。

---

[1] U.S. Headquarters Department of the Army. Army Techniques Publications 2-33.4 Intelligence Analysis[M]. Washington, D.C.: Government Printing Office, 2020: 4-1.

[2] U.S. Headquarters Department of the Army. Army Techniques Publications 2-33.4 Intelligence Analysis[M]. Washington, D.C.: Government Printing Office, 2020: 1-2.

表6-9　美国陆军结构化、诊断性基本分析方法及运用

	方法	适用类别	通常伴随使用分析方法	进攻/防御行动	稳定行动	民事支援行动
结构化分析方法	分类	审查海量数据 审查多类信息	功能分析法 情境逻辑分析法	√	√	√
	矩阵	隔离关键数据 促成有重点的分析	竞争性假设分析法 链接分析 多规律分析		√	√
	敌方意图矩阵	审查最有可能以及最合理的选择	征候分析 竞争性假设分析法 功能分析法 情境逻辑分析法	√	√	√
	事件图绘制	描述想定中的事件，形象化地呈现想定架构	征候分析 集思广益法		√	√
	事件树	根据未来可能产生的结果阐明可选择的事件顺序	编年和时间表 征候分析 竞争性假设分析法 多规律分析		√	√
	主观概率	确定潜在的敌方行动、中立方行动和我方行动	贝叶斯定理分析 验证规则	√	√	√
	加权排序	确定潜在的敌方行动、中立方行动和我方行动	贝叶斯定理分析 主观概率 验证规则	√	√	√
诊断性分析方法	欺骗识别	帮助决定何时查找欺骗信息	所有其他分析方法	√	√	√
	关键假设检查	使设想清楚且易于理解		√	√	√
	信息质量检查	评估可用信息的完整性		√	√	√
	活动征候分析	确定潜在的敌方行动、中立方行动和我方行动		√	√	√

核心方法——集思广益法、对比法和数学分析法等。除了美军通用的结构化分析和诊断性分析等基本分析方法以外，美国陆军针对统一地面行动和决定性行动等战场作战行动的情报支援需求，还分别提出了集思广益法、对比法、数学分析法、情境分析法、关联分析法、网络分析法、社会测量学/社会网络分析法、编年时间表法、谋略规

律分析表、事件透明图、时间/事件图和生活规律分析法等情报分析核心方法，以支援美国陆军作战中的"理解态势并得出结论、分析复杂网络和关联、分析规律"等。美国陆军情报分析核心方法及运用如表6-10所示。

表6-10 美国陆军情报分析核心方法及运用

方法		适用类别	通常伴随使用分析方法	进攻/防御行动	稳定行动	民事支援行动
理解态势并得出结论	集思广益法	确定潜在的敌方行动、中立方行动和我方行动制定信息搜集策略	德尔菲法		√	√
	对比法	确定潜在的敌方行动、中立方行动和我方行动	建模法科学方法	√	√	√
	数学分析法	决定组织的能力与不足	功能分析法	√	√	√
	情境分析法	确定潜在的敌方行动、中立方行动和我方行动	生成可选择未来情境	√	√	√
分析复杂网络和关联	关联分析法	评估组织与个人之间的关系	多规律分析网络分析社会网络分析	√	√	√
	网络分析法	确定高回报目标和高价值目标		√	√	√
	社会测量学/社会网络分析法	评估民事考虑的效果		√	√	√
分析规律	编年时间表法	组织事件或行动	事件树链接分析征候分析规律分析网络分析情境逻辑分析法生活规律分析法社会网络分析	√	√	√
	谋略规律分析表法	分析敌方、中立方的行为规律		√	√	√
	事件透明图			√	√	√
	时间/事件图			√	√	√
	生活规律分析法			√	√	√

注：根据美国陆军技术出版物 ATP 2-33.4 Intelligence Analysis 中 4-1 ~ 9-8 相关内容综合绘制而成。

新兴方法——逆向思维、不确定思维方法。2001年9月11日，美国遭受恐怖袭击之后，美军随即展开新一轮的情报失误研究，认为要破除情报分析的思维定式与保守僵化，有必要借鉴作战方案评估优选的红队（red team）思想，通过引入情报红队，运用逆向思

维（contrariant thinking）、不确定思维（contingent thinking）等
来质疑情报分析结果的准确性，创新了情报分析研究方法。运用
逆向思维的情报分析方法包括："魔鬼代言人"/唱反调（devils
advocacy）、A 队—B 队（team A—team B）、红队/红帽（red
team）、反事实推理和由外而内思考等情报分析方法。运用不确定思
维的情报分析方法包括：意外事件分析（what if）、低可能—高影响
分析（low probability–high impact analysis）、可选择想定（alternative
scenarios）、可选择未来情境分析和竞争性假设分析等情报分析方法。
美国陆军将这些情报分析方法统称为新兴方法。美国陆军情报分析新
兴方法及运用如表 6-11 所示。

表 6-11　美国陆军情报分析新兴方法及运用

方法	适用类别	通常伴随使用分析方法	进攻/防御行动	稳定行动	民事支援行动
"魔鬼代言人"/唱反调	强调当前分析评估中的缺点和错误	所有其他方法通常使用原始分析小组未使用的方法	√	√	√
A 队—B 队	对比两份平等有效的分析评估	所有其他方法	√	√	√
红帽/红队分析	假设分析人员就是敌方，预测敌方的行动	所有其他方法其结果通常生成征候清单	√	√	√
反事实推理	分析敌方、中立方和我方的行为规律及原因	所有其他方法		√	√
由外而内思考	确定潜在的敌方行动、中立方行动和我方行动制定信息搜集策略	情境逻辑分析竞争性假设分析对比概率主观概率		√	√
意外事件分析	通过想象的"后见之明"确定征候信息	所有其他方法其结果通常生成征候清单		√	√
低可能—高影响分析	强调表面上不可能却产生重大影响的事件	所有其他方法		√	√

续表

方法	适用类别	通常伴随使用分析方法	进攻/防御行动	稳定行动	民事支援行动
可选择想定	确定敌方、中立方和我方的潜在行动	情境逻辑分析		√	√
可选择未来情境分析	确定敌方、中立方和我方的潜在行动	情境逻辑分析		√	√
竞争性假设分析	确定敌方、中立方和我方的潜在行动	应用理论对比	√	√	√

注：根据美国陆军技术出版物 ATP 2–33.4 Intelligence Analysis 相关内容及张晓军等著《美国军事情报理论研究》（军事科学出版社 2007 年版）第 121–122 页相关内容整合改造绘制而成。

第四节　研判内容

美军用战场情报准备（intelligence preparation of the battlefield，IPB）作为情报整理和分析的重要工具，具有鲜明的美军特征。战场情报准备是系统分析作战区域内敌方、地形、气象和民用设施等因素，以确定其对行动影响的过程[1]。战场情报准备通过明确作战环境—描述环境对作战的影响—评估敌方威胁—判明敌方作战方案四步，来分析作战环境的重要特征，判明环境对作战行动的影响，判断敌方能力与薄弱点，确定敌方作战重心，判明敌方作战方案。

1. 分析作战环境的重要特征。受领作战任务后，美军首先界定作战任务的作战地域、影响地域和关注地域，明确作战环境的空间大小。然后开始分析作战环境的重要特征。美军认为，作战环境是指对战斗

---

[1]　U.S. Headquarters Department of the Army. Army Techniques Publications 2–01.3 Intelligence Preparation of the Battlefield[M]. Washington, D.C.: Government Printing Office, 2021: GL–5.

力发挥和指挥官决策有影响的条件、情报等因素的总和[1]。陆军部队对战场主要分析敌情、地形、气象和民事关注事项。其中，敌情主要分析研判敌人部别、位置、规模和部署；地形主要分析研判自然地貌（如河流、山谷和山脉）和人造地貌（如城市、地铁、隧道、油料库、机场和桥梁）；气象主要分析研判能见度、风速、降水量、云量、温度和湿度；民事关注事项主要分析研判作战地域内的人造基础设施、民众和组织的活动对实施军事行动的影响。

2. 判明环境对作战行动的影响。通过从地理空间角度和系统角度认知作战环境，判明环境对敌我双方作战能力与作战行动的影响。主要分析研判：敌方如何影响己方行动，地形、气象、民事关注事项如何影响己方和敌方的行动。其中，分析敌方如何影响己方行动主要分析敌方的类型、规模和部署；分析地形如何影响己方和敌方的行动主要分析观察条件与射界、通道、关键地形、障碍物、掩蔽与隐蔽对己方和敌方的行动影响；分析气象如何影响己方和敌方的行动，主要分析能见度、风速、降水量、云量、湿度、温度和气压对己方和敌方的行动影响；分析民事关注事项如何影响己方和敌方的行动主要分析区域、建筑、能力、组织、民众、事件对己方和敌方的行动影响。

3. 判断敌方能力与薄弱点。主要通过创建或更新敌方模型、判明当前敌情来查明敌方能力与薄弱点。其中，在创建或更新敌方模型步骤中，敌方模型一般在战前完成，并在作战行动中不断更新。这些模型通常包括三部分：以图形描绘与特定行动方案相关的敌方作战样式，描述敌方首选的各种作战方案、高价值目标清单。在判明当前敌情步骤中，重点关注已部署于关注地域内或能以其他方式干扰己方任务的敌方部队的战斗序列上。判断当前敌情的依据是对敌方各部队的编成、

---

[1] U.S. Headquarters Department of the Army. Army Techniques Publications 2-01.3 Intelligence Preparation of the Battlefield[M]. Washington, D.C.: Government Printing Office, 2021: 1-3.

配置、实力、战术、技术与程序、后勤和指挥员特点等评估，通常在敌情透明图上同步与敌军编成和配置相关的动态信息。在判断敌方能力与薄弱点时，通过将当前敌情与已建立的每个敌方模型进行对比判定，即根据当前态势评估敌方实际是否达到敌方模型的能力，符合或超过的就列为优势，达不到敌方模型能力的被确定为薄弱点。

4. 确定敌方作战重心。 美军认为，在战略级，重心可以是政治或军事领导人、一支军队和一系列关键能力或国家意志；在战役级，重心主要是敌指挥中心、重兵集团、大规模杀伤武器、后勤基地和交通线等；在战术级，重心主要包括敌指挥所、核心阵地、主战部队以及某一支援兵种力量等。查明敌方重心遵循"关键能力—关键需求—关键弱点"的基本逻辑，首先分析研判敌作战体系的目标构成、相互关联、运行状态，找出体系要害关键节点，辨认重心，然后分析重心发挥作用所依赖的关键能力；找到支撑该能力的条件、资源和手段，即关键需求；从关键需求中找出易被攻击的主要脆弱点，即关键弱点；根据关键弱点，判明有效打击敌方重心的重要区域、主要行动和重点目标等。

5. 判明敌方作战方案。 美军通过战场情报准备这种专业化的情报分析程序工具，最终目标是判明敌方作战方案。具体步骤包括确认敌方可能的目标和预期最终状态，确认敌方所有可能行动方案，评估各项行动方案并进行排序。在确认敌方可能的目标和预期最终状态的步骤中，通过分析当前敌方军事和政治态势、作战能力以及社会文化特点，确认敌方可能的目标和预期最终状态。在确认敌方所有行动方案的步骤中，汇总生成敌方所有潜在的行动方案，这些方案既包括从敌方条令或作战模式来看适合当前态势和目标的所有行动方案，也包括能够对己方任务产生重大影响的敌方不甚理想的方案。在评估各项行动方案并排序的步骤中，要对各个行动方案进行比较，确定哪一个能提供最大的优势，同时又能把风险降到最低；分析敌方近期活动，以判明是否已经有采取某个行动方案的迹象。

第七章　美国陆军情报分发共享

战场上缺乏情报就等于在拳击场上被蒙上了眼睛。

——戴维·肖普

美国陆军非常重视情报分发共享的地位和作用，其在 2019 年版的美国陆军条令出版物 ADP 2-0《情报》中指出："是否及时分发情报和情报产品对作战的成功与否至关重要。"[1] 如果报告不及时，最关键的信息也可能毫无价值 [2]。美国陆军野战条令 FM 2-19.4《旅战斗队情报行动》中强调："在全旅范围内，及时、准确地分发情报是行动成功的关键。"[3] 美军强调，"情报产品必须是及时的、相关的、准确的、具有预测性的，要为促进态势理解和支援决策量身定做"。

---

[1]　U.S. Headquarters Department of the Army. Army Doctrine Publication 2-0 Intelligence[M]. Washington, D.C.: Government Printing Office, 2019: 3-6.

[2]　U.S. Headquarters Department of the Army. Army Doctrine Reference Publication 2-0 Intelligence[M]. Washington, D.C.: Government Printing Office, 2012: 3-7.

[3]　U.S. Headquarters Department of the Army. Field Manual 2-19.4 Brigade Combat Team Intelligence Operations[M]. Washington, D.C.: Government Printing Office, 2008: 6-1.

"各指挥层级要确保其情报产品得到适当的分发。分发就涉及确定产品格式和选择分发手段两个关键方面。"[1] 因此，可以看出，美国陆军情报分发原则、分发流程、分发方式和分发手段同样是其情报分发共享最为核心的内容。

第一节　分发原则

美军关于情报分发的原则与要求多散见于联合出版物 JP 2−0《联合情报》、JP 2−01《军事行动中的联合和国家情报支援》、美国陆军条令出版物 ADP 2−0《情报》和 ADRP《情报》之中，梳理总结这些原则、要求和注意事项，可以看出美军重点强调以下四点。

1.**恰当分发**。1996 年，面对信息化战争的到来，为谋求信息优势，美军对情报分发提出了"四个任何"理念，即"在任何时刻、任何地点，将任何信息送到任何人手中"。但在随后的阿富汗战争、伊拉克战争中，美军指挥官面临的不是"没有情报可用"，而是大量与己无关的"信息洪流"干扰。于是，美军在《2020 联合构想》中，将谋求信息优势的目标调整为谋求决策优势，推动情报分发方式由"四个任何"向"五个恰当"转变，即从"在任何时刻、任何地点，将任何信息送到任何人手中"调整为"在恰当的时间、恰当的地点，将恰当的信息以恰当的形式交给恰当的接收者"，同时压制敌方谋求同样能力的企图，由此确立了新的情报分发基本理论和基本原则。

2.**推拉结合**。美军强调，一方面要尽快将情报发送给情报用户，另一方面又不能给情报用户增加负担，同时最大限度减少占用通信带宽，情报分发必须符合"推－拉"原则。"推"是指上级主动把情报

---

[1]　U.S. Headquarters Department of the Army. Army Doctrine Publication 2−0 Intelligence[M]. Washington, D.C.: Government Printing Office, 2019: 3−6~3−7.

信息发给下级，以满足下级的情报需求，适用于作战筹划阶段事先充分了解部队的优先情报需求；"拉"是指各级各类情报用户自主浏览查询情报数据库和情报资料库，直接提取自己所需的情报信息，适用于在作战进程中部队临机产生的各种情报需求。"推 – 拉"相结合，以更加方便、更加快捷、更加节省资源地分发情报。美国陆军情报分发"推 – 拉"原则如图 7-1 所示。

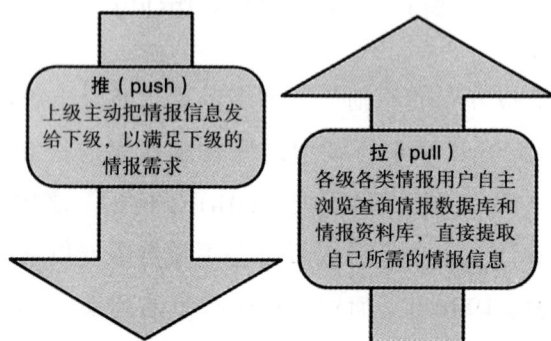

图 7-1 美国陆军情报分发"推 – 拉"原则示意图

3. **形式多样**。美国陆军认为，情报分发应以灵活方便、不拘一格、快速分发为原则，广泛使用多种渠道、采取多种形式，既可以是会议简报、个别接触、视频会议、电子邮件、电话、电报和传真等，也可以采取情报数据库查询、网络传输、网页访问、即时消息和网络公告等，还可以使用打印文件、刻录光盘和信使传送等手段方式。因此，美国陆军按照情报分发的载体性质，将情报分发形式划分为硬拷贝（hardcopy）分发和软拷贝（softcopy）分发两类，并且指出，根据用户的需求及情报的内容、重要程度和时间紧急程度来确定具体选择哪一种形式。美国陆军情报分发形式如表 7-1 所示。

表 7-1　美国陆军情报分发形式

分发形式	具体表现
口头报告	简报、电话、视频会议
文件	资料、报告、分析、评估、判断
图形产品	地图、透明图、通用作战态势图、录像片、幻灯片、数字图像
电子数据	情报数据库、网站网页、即时消息、光盘

注：此表综合任国军著《美军联合作战情报支援》第 194 页"情报分发手段和形式"与美国陆军野战条令 FM 2-19.4 Brigade Combat Team Intelligence Operations 中相关内容绘制而成。

4.安全共享。美军强调，情报信息的分发与共享要遵循"需要知道"与"需要共享"的原则。"需要知道"是指"该知道就应该知道，不该知道就不让知道"。"需要共享"并不是"需要分享就分享、不该分享就不分享"，而是反过来要求"不需要保密的必须分享"。简言之，美军强调情报分发时既要保密也要共享，特别是涉及美军与多国部队共同作战，以及在美国国家级的情报机构、国防部各单位和多个军种（职能）组成司令部以及商业部门之间的技术系统，既要互联互通，又要安全保密。负责提供支援的情报机构应使用可获取的、最先进的、最可靠的技术向用户提供情报[1]。

此外，美军还强调情报分发必须及时、准确，同时，情报部门必须深度参与作战计划，了解指挥官和部队优先情报需求，明确情报产品需求、时限、用户位置，并与作战、通信和后勤等部门积极沟通协调，确保可以使用整个作战地域内的运输资产。例如，使用飞机、车辆、通信设备、人员和设施等用于情报分发，同时不能额外增加通信系统的负担。

---

[1]　U.S. Joint Chiefs of Staff. Joint Publication 2-0: Joint Intelligence[M]. Washington, D.C.: Government Printing Office, 2013: I-21.

第二节　分发流程

美国陆军强调，情报人员确保战斗信息和情报产品生成后尽快向指挥官和其他用户提供，相关信息以最快的方式传递给所有受影响单位以及最初请求信息的单位，确保用户在信息有效时限之前接收到其所需信息。美国陆军情报分发流程如图 7-2 所示。

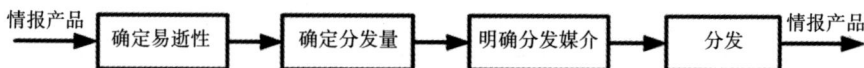

情报产品 → 确定易逝性 → 确定分发量 → 明确分发媒介 → 分发 → 情报产品

图 7-2　美国陆军情报分发流程示意图

1.**确定易逝性**。情报参谋报经情报参谋官批准，确定哪些情报将跳过正常的情报分发程序，直接发送给需要它的指挥官，以辅助该指挥官根据优先情报及其最新价值做出决定。

2.**确定分发量**。情报参谋确定向上级和下级指挥官分发的情报信息量。如果一个情报用户已经确认获知某个情报的关键内容，那么就不一定向其再提供完整的情报消息文本。

3.**明确分发媒介**。此步骤因单位而异，分发媒介包括战场上能使信息流动的各种手段。本单位的情报架构及软硬件系统提供了基本的分发媒介；如果没有，情报参谋将与支援传送的单位一起工作，确定与某个情报用户之间的通信链路及方法。

4.**分发**。此步骤涉及情报在战场上的实际流动。情报参谋使用分发系统向情报用户提供情报产品，并维护所有传出情报的跟踪系统，不是仅分发了情报产品就结束了，而是验证用户是否收到，确保情报送达。

第三节　分发方式

美国陆军认为，"分发通过多种途径来推动实现。具体选择哪一种分发方式根据用户的需求以及情报本身的重要性和紧迫性决定"[1]。美国陆军根据情报本身的重要程度、紧迫程度以及用户需求，通常灵活选择软拷贝分发、硬拷贝分发和通用作战态势共享等多种情报分发方式。

1.软拷贝分发。美国陆军认为，自 21 世纪以来，一方面，情报用户对情报的需求已经由原先的文字、图形和表格等传统情报形式向视频、高清图像和大比例尺电子地图等新型情报形式拓展。另一方面，随着无纸化办公的普及、互联网"地球村"的形成以及信息系统在军队中的广泛运用，美军电子信息和网络通信环境发展十分迅速，为分发新型情报产品提供了可能。因此，美军在 2004 年颁布的联合出版物 JP 2-01《联合与国家情报对军事行动的支援》中就强调，"软拷贝分发已经成为向用户分发情报产品的主要方法"[2]。软拷贝分发将情报以电子格式，借助诸如联合全球情报通信系统（joint worldwide intelligence communications system，JWICS）、保密互联网协议路由器网（SECRET internet protocol router network，SIPRNET）、联合可部署情报支援系统（joint deployable intelligence support system，JDISS）、国防情报网络（defense，intelligence network，DIN）、公开来源信息系统（open source information system，OSIS）、全球指挥与控制系统（global command and control system，GCCS）、INTELINK 系统（INTELINK 或 INTELINK-S）、分布式通用地面系

---

[1]　U.S. Joint Chiefs of Staff. Joint Publication 2-0: Joint Intelligence[M]. Washington, D.C.: Government Printing Office, 2013: I-20.

[2]　U.S. Joint Chiefs of Staff. Joint Publication 2-01: Joint and National Intelligence Support to Military Operations[M]. Washington, D.C.: Government Printing Office, 2004: Ⅲ -53.

统（distributed common ground system，DCGS）、全球广播服务（global broadcast service，GBS）、综合广播服务（integrated broadcast service，IBS）等通信系统，随时随地将情报传递给用户。美国陆军软拷贝分发主要采取四种形式。

（1）情报机构通过通信工具直接将情报传送给情报用户。美国陆军认为这是软拷贝分发的主要形式，通常用于用户情报需求非常明确的情况下。例如，在伊拉克战争中，美国陆军第3机步师情报部门利用轻型机动控制系统、指挥与控制单机系统、21世纪旅及旅以下部队战斗指挥系统、自动化纵深作战协调系统为各级部队提供通用作战图像。与此同时，美国国家安全局和国家图像测绘局还向该师派出情报支援小组，这些小组利用通信卫星直接得到国家级的情报支援，并向该师提供近实时的图像情报。

（2）情报机构将情报产品存储到情报数据库或发布到情报网站，情报用户自行"拉取"所需情报。美军认为这是软拷贝分发的基本形式，这种情报分发方式的优点是，情报机构可以减少大量用于判断每条情报适合哪些情报用户的分发工作而更加专注于情报分析，既省时又省力，而且避免了可能存在的分发失误问题。同时，情报用户可以排除类似于信息洪流等无关信息的干扰，快速精确地得到自己所需的情报。例如，阿富汗战争中，美军第101空降师第187团第1营在执行"蟒蛇"行动中，利用保密互联网协议路由器网直接从国家地理空间情报局的数据库中下载需要的电子地图数据，并使用"Falcon View"软件和全球定位系统，对电子地图进行标注，该营与上级单位、阿帕奇武装直升机驾驶员及空军攻击机驾驶员都可以基于地图和标注信息进行准确的沟通协调和情报共享。

（3）情报机构审核情报用户申请并向其提供情报。情报用户首先向情报机构提出情报需求申请，经情报机构审批同意后，由情报机构提供情报所在情报数据库或情报网站的网址，通知情报用户自行下载。美军认为这是软拷贝分发的常见形式，适用于那些连接联合全球情报通信系统或保密互联网络协议路由器网的情报用户，并且在通信带宽较为宽裕的情况下。如果情报用户无法连接上述网络，情报用户需要将申请提交给情报机构的分发计划管理员，由分发计划管理员通过情报用户可连接的网络直接推送电子版情报，或将电子版情报放入情报用户可连接的网络服务器上供其下载拉取。

（4）情报机构向情报用户提供微缩化的光盘、移动存储介质等软拷贝情报。情报机构根据情报产品的数量、大小和情报用户的需求，以光盘（如 DVD）、U 盘或移动硬盘等形式将情报分发给情报用户。美军认为这是软拷贝分发的补充形式，适用于情报信息数量较多、存储容量较大并且当前网络通信带宽有限的情况下。例如，在海湾战争中，美军中央司令部联合情报中心就将存储伊拉克基本情况电子数据的情报，刻录复制成整套光盘，分别分发给陆军各参战部队，供各部队在作战计划和作战实施过程中随时随地查阅使用。

2. **硬拷贝分发。**美国陆军认为，在多国作战或联合作战中，由于美军同其他国家军队，或美军联合部队多个军种之间的情报系统和设备类型存在架构接口不兼容、安全等级不统一、通信能力不匹配等诸多问题，使软拷贝分发存在很多"堵点"和"断点"，因此以电报、传真和信使传送文件等传统硬拷贝形式分发情报，是不可或缺的情报分发方式。美国陆军认为，虽然硬拷贝分发在速度和效率上无法同软拷贝分发相比，但其特有的可靠性和灵活性，仍然是保底备份手段和重要分发选项。特别是作战计划阶段各部队对作战区域地图这一类需求量很大的情报，通常只能采取硬拷贝形式分发；在作战的过程中，对 些不适宜或不能通过网络进行分发的情报信息（如发送大格式或彩色情报产品），只能使用传真、电报、影印复制或信使传送的硬拷贝分发方式。例如，在海湾战争中，美军中央战区的陆军司令部的通信人员每天需要运载 200 磅（1 磅 ≈ 0.4536 千克）的文件送往战区各级司令部，这些文件包括带注解的照片、叠覆之后的地图以及其他情报文件[1]。参与大规模地面进攻作战的美国陆军第 24 步兵师，其情报部门获得国家级情报机构战前拍摄的高分辨率图像情报支援，就是由信使专门传送的。这些图像上有伊军防御部署等关键情报，但该师所有机动部队之间的通信联络不畅，最后情报科长不得不乘直升机亲自呈送给师长。硬拷贝分发的组织领导，通常由各级司令部的情报部门牵头，作战部门和后勤部门参与，分发计划管理员负责，具体管理向所属部队分发硬拷贝情报产品。硬拷贝分发的设备部署，通常在作战准备阶段，在任何军事行动一开始，就启动专用程序，包括向部队指挥官推荐可用于运输硬拷贝情报产品的陆地、海运或空运资源的优先次序，将需要硬拷贝分发的情报产品从生产中心转移到战区，并在作战区域的任务部队范围内进行分发。硬拷贝分发的操作实施，通常由分发计划管理员在军事行动开始前的准备阶段，首先将国家级或战区级生成的地图、敌军基本情况等数量大、各级急需的情报进行硬拷贝分发，而后根据作战进程需要，把硬拷贝分发作为软拷贝分发的替换选择和保底手段，视情进行专项分发。

3. 通用作战态势共享。 除了通过软拷贝分发、硬拷贝分发等方式分发情报产品以外，美军强调，"把情报产品送交用户后，情报人员和机构要负责继续为用户提供支援，使其把情报整合到决策和计划过程中"[2]，进而指出，"将情报与作战相结合的主要工具就是通用作战态势图（common operational picture，COP）。情报必须以这样一种形式分发，即它可以在通用作战态势图上自动地进行处理并显示，以方便作战环境中作战行动与情报的视图共享"，从而实现信息优势转化为决策优势。美军的全球指挥与控制系统综合图像与情报子系统（global command and control system integrated imagery and

[1] 迈克尔·E. 毕格罗. 美国陆军情报简史 [M]. 田林，杜燕波，译. 知远战略与防务研究所，2014：122.

[2] U.S. Joint Chiefs of Staff. Joint Publication 2-0: Joint Intelligence[M]. Washington, D.C.: Government Printing Office, 2013: I-21.

intelligence，GCCS-I3）为地理空间信息、敌我作战态势和情报信息等其他相关信息自动融入通用作战态势图提供了手段。通用作战态势图以地理空间信息为基础，可以显示整个作战环境中己方、中立方和敌方部队的部署态势。其中，地理空间信息包括矢量地图（普通的彩色地图）、地形高程数据图（地形地貌图）和压缩的数字光栅图（地形与航空图）；敌我作战态势信息主要包括标有各种近实时的有关己方部队、敌军的地面、海上和空中目标的部署位置、行动轨迹和威胁 / 预警数据等。情报信息包括从轨道卫星的综合广播系统和其他被动式电子情报传感器获得的情报自动在通用作战态势图上绘制和显示，其他情报需要由情报人员以手工的方式标绘在通用作战态势图上。美国陆军通用作战态势图生成与构成如图 7-3 所示。

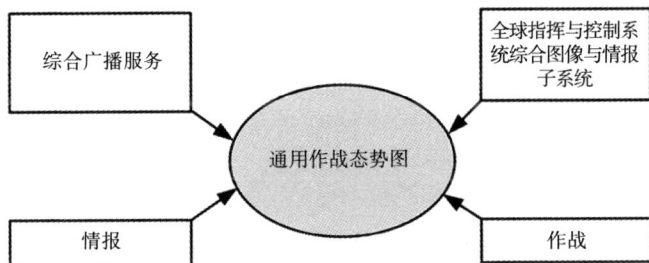

图 7-3　美国陆军通用作战态势图生成与构成

（资源来源：参考美军联合出版物 JP 2-01《联合与国家情报对军事行动的支援》
第 75 页 "图 3-24 情报与作战的结合" 绘制而成）

美国陆军通用作战态势图可进一步区分为基本态势图和按需态势图两类。其中，基本态势图为正常作战行动所需，其必须反映现状并保持开放，通常由情报参谋机构或作战参谋机构计划小组制作和分发；按需态势图是行动可能需要的，但不需要全程提供，通常由指定参谋负责制作维护，并按需提交给作战参谋机构计划小组。美国陆军通用作战态势图的基本要素与按需要素，如表 7-2 所示。

表7-2　美国陆军通用作战态势图的基本要素与按需要素

基本要素	按需要素
●当前己方态势 ●当前敌方（威胁）态势 ●上级司令部行动 ●本级当前行动 ●下级单位当前行动 ●火力支援 ●情报、监视和侦察 ●空域指挥和控制 ●工程	●防空 ●信号 ●运动 ●核生化 ●后勤 ●保障

注：根据美国陆军野战条令 FM 2-19.4 Brigade Combat Team Intelligence Operations 中相关内容绘制而成。

美军全球指挥与控制系统综合图像与情报子系统是实现地理空间信息、敌我作战态势信息和情报信息融合集成的工具平台。国家级或联合作战司令部情报机构对处理后的图像情报，根据部队作战任务区的作战关注地域，在全球指挥与控制系统综合图像与情报子系统进行标注、剪裁和上传，此后全球指挥与控制系统综合图像与情报子系统图像产品库（imagery product library，IPL）自动更新最新图像，并能够与战斗序列数据库、空中任务指令数据库、文电和情报产品数据库建立连接，从而使情报能够和作战紧密关联，更加有效地支援作战计划制订、作战准备、作战实施和作战评估。

对美国陆军部队而言，其装备有全球指挥与控制系统（GCCS）的陆军型和分布式通用地面系统（DCGS）的陆军型终端，即通过陆军全球指挥与控制系统（GCCS-A）和陆军分布式通用地面系统（DCGS-A）可以接收、显示和关联来自战略、战役和战术多个层级作战相关信息的通用作战态势图，基于该图，陆军部队能够清楚地看到"敌人在哪里，自己在哪里，友邻在哪里"，满足陆军战斗时"互操作性和态势感知"两个关键的指挥与控制需求。

第四节　分发手段

美军根据其军事战略和全球作战的需要，构建了覆盖全球、技术先进、功能互补的多种信息系统，这些信息系统纵向上贯穿国家、联合、军种部队多个层级，横向上连接军队、政府和高新企业等众多单位，为美军的情报搜集、处理和分发奠定了良好的基础。就陆军部队而言，美国陆军战斗指挥系统是一个由陆军全球指挥与控制系统（GCCS-A）、指挥和控制个人计算机（C2PC）、陆军分布式通用地面系统（DCGS-A）和 21 世纪旅及旅以下部队战斗指挥系统（FBCB2）等多个信息系统构成的大系统的统称。其实质是一个多级指挥与控制系统，采用可与战区、联合和多国指挥控制系统互操作的网络系统，可以将旅、营级的指挥与控制从单一武器平台连接到联合层级。美国陆军战斗指挥系统构成及情报分发作用如表 7-3 所示。

表 7-3　美国陆军战斗指挥系统及情报分发作用

系统构成	情报分发作用
陆军全球指挥与控制系统（GCCS-A）	情报、监视和侦察架构是旅整体指挥与控制系统架构的一个子集，用于支援陆军战斗指挥系统。该系统可使指挥官能够快速获得和分发情报信息，满足指挥与控制的关键需求：互操作性和态势感知
指挥和控制个人计算机（C2PC）	
机动控制系统（MCS）	
高级野战炮兵战术数据系统（AFATDS）	
防空和导弹防御工作站（AMDWS）	
陆军分布式通用地面系统（DCGS-A）	
旅指挥支撑支援系统	
21 世纪旅及旅以下部队战斗指挥系统（FBCB2）	
综合气象系统（IMETS）	
数字地形支持系统（DTSS）	
战术空域集成系统	

资料来源：U.S. Headquarters Department of the Army. Field Manual 2-19.4 Brigade Combat Team Intelligence Operations[M].Washington, D.C.: Government Printing Office, 2008: 6-15~6-16.

表 7-3 中，需要特别指出的是，美国陆军分布式通用地面系统可为旅战斗队情报机构提供访问战区和国家数据库的能力，这降低了向旅及其下属单位分发信息的延迟[1]。在近几次局部战争中，美国陆军全球指挥与控制系统、陆军分布式通用地面系统和 21 世纪旅及旅以下部队战斗指挥系统等信息系统，除了作为作战指挥的基本平台以外，情报分发共享也是其主要功能之一。以图像情报为例，在近两场局部战争中，美国陆军基于信息系统分发图像情报情况如表 7-4 所示。

表 7-4　美国陆军基于信息系统分发图像情报情况

项目	阿富汗战争（第 101 空中突击师）	伊拉克战争（第 3 机步师）
情报传输渠道	渠道众多，尤其是可以利用空军情报系统直接使用图像情报	渠道众多，广泛部署的情报传输系统大多可以分发国家级图像情报
情报传输数量	数据不详，但美军通信能力较强，数量应较大	数据惊人，平均数据为每秒 24GB，大部分为图像、录像
情报递送级别	连级特遣分队，均可接收和使用国家级图像情报	可以送达至连一级
情报相关性	极高（下属分队自行制作）	不强（信息洪流，未经整理）

关于情报分发方式，具有美国陆军特色的是其还特别强调通过指挥渠道、参谋渠道和技术渠道进行情报沟通共享[2]，以快速分发共享情报。

1. **指挥渠道**。指挥渠道是指挥官或授权的参谋人员用于指挥相关活动的直接指挥链路。指挥渠道实例包括互联网 / 内部网、指挥无线网、远程视频会议和指挥控制系统。

---

[1]　U.S. Headquarters Department of the Army. Field Manual 2-19.4 Brigade Combat Team Intelligence Operations[M].Washington, D.C.: Government Printing Office, 2008: 6-17.

[2]　同上：6-18~6-19.

2.**参谋渠道**。参谋渠道是司令部内部及各司令部之间参谋与参谋的联系。通过参谋渠道，参谋协调和传输计划信息、控制指令和其他信息以支援指挥与控制。参谋渠道的实例是作战和情报无线电网、参谋会议和陆军战斗指挥系统等。

3.**技术渠道**。技术渠道通常用于较大司令部下辖的两个平级司令部之间。参谋通常使用技术渠道分享情报、监视和侦察行动的技术支持与敏感分类信息报告等。技术渠道实例包括电子战任务及报告无线电网、情报通播，以及支持搜集、处理和生产的广域网等。

第八章　美国陆军情报作战运用

先生们，我们的整个未来将取决于这个计划的结果，所以，请务必绝对保证我们情报的准确性和机密性。

——威廉·多诺万

美军通常将作战划分为作战筹划、作战实施和作战评估。美国陆军"情报作战运用"是将组织情报支援融入作战全程，围绕作战指挥活动、支援部队作战行动、组织情报获取、情报分析研判和发挥情报效益的过程。与纯粹的情报支援相比，情报作战运用更强调服务指挥、支援行动，在融入指挥、渗入行动中发挥效益。也就是说，情报流程与指挥流程要全程交互，指挥流程提供驱动，明确情报流程的指导和重点，而情报流程根据指挥流程的需求，不断向指挥流程提供必需的情报。其实质是将情报侦察支援与作战指挥活动相交链，按照作战筹划、作战实施和作战评估完整的作战过程，明确各阶段情报支援重点、主要工作及标准要求。

第一节 作战筹划阶段情报作战运用

美国陆军习惯上将作战筹划流程称为军事决策程序（military decision-making process，MDMP），该程序通常包括 7 个步骤：受领任务—分析任务—制订作战方案—推演作战方案—比较作战方案—批准作战方案—拟制下达命令[1]。围绕这 7 步的军事决策程序，美国陆军作战筹划阶段情报作战运用如图 8-1 所示。

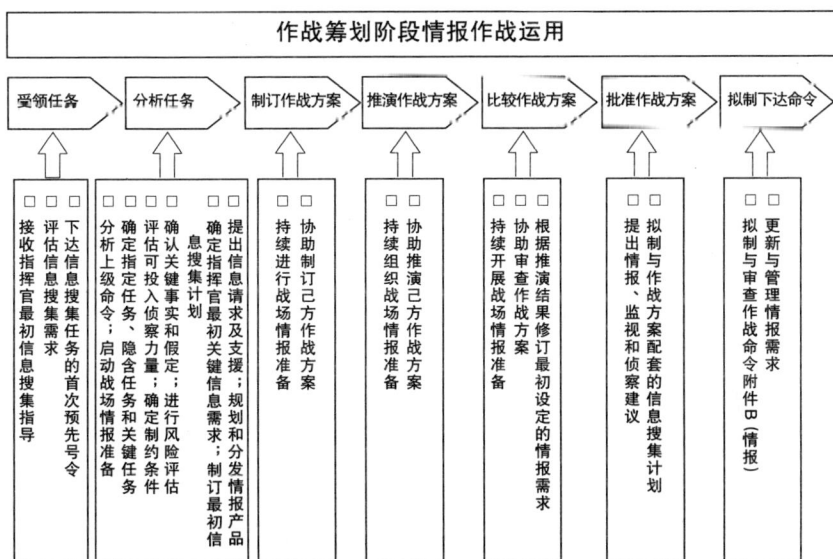

图 8-1 美国陆军作战筹划阶段情报作战运用

1."受领任务"环节

美军受领任务后，指挥官和参谋把工作重心转移到掌握作战环境情况，开始军事决策过程的准备。本环节的输入是根据上级司令部作战命令或预先号令明确或推测本级作战任务，下达指挥官的意图，指定作战地域、关注地域和情报需求；输出是指挥官指南草案、第 1 号

[1] U.S. Headquarters Department of the Army. Field Manual 2-19.4 Brigade Combat Team Intelligence Operations[M].Washington, D.C.: Government Printing Office, 2008: 2-8.

预先号令和指挥官关键信息需求[1]。围绕这些指挥活动，美军情报作战运用重点包括以下内容。

（1）接收指挥官最初信息搜集指导。指挥官向情报参谋提供最初信息搜集指导，陈述对作战地域的关键信息需求。这些关键信息需求在随后的军事决策步骤中，将是指挥官成功筹划准备、作战实施和评估行动所必知信息的关键部分。

（2）评估信息搜集需求、时间等。开始情况判断，随时更新情况判断，准备情报延伸任务和向上级司令部请求情报信息。评估进行中或现有信息搜集活动或联合情报、监视和侦察的指示；评估部队用于筹划、准备和实施的可用时间。

（3）下达信息搜集任务的首次预先号令。情报参谋根据指挥官最初关键信息需求来生成部队的最初信息搜集任务，并作为首次预先号令的一部分下达。

2.“分析任务”环节

美军开始分析任务时，指挥官核准重申任务，明确指挥官意图，下发指挥官指南，核准指挥官关键信息需求。本环节的输入是上级司令部命令、计划或战场情报准备，本级参谋判断和事实与假设；输出是战场情报准备产品草案、重申任务、指挥官意图、指挥官指南、第2号预先号令、信息搜集（情监侦）命令、指挥官关键信息需求、参谋机构产品、战场框架等。围绕这些指挥活动，美军情报作战运用重点包括以下内容。

（1）分析上级命令。在分析任务过程中，参谋要分析上级命令，明确当前任务及其制约条件，如对侦察时间和侦察地域的限制等。

（2）战场情报准备（intelligence preparation of the battlefield，IPB）。战场情报准备是系统分析关注地域内的敌情、地形、气象和

---

[1] U.S. Headquarters Department of the Army. Field Manual 2-19.4 Brigade Combat Team Intelligence Operations[M].Washington, D.C.: Government Printing Office, 2008: 2-8.

民事关注事项等因素，以确定其对作战影响的过程[1]。战场情报准备是制订信息搜集计划最重要的先决条件之一。在战场情报准备过程中，参谋提供关键信息协助制订计划。这些信息包括：威胁特点、地形态势图、天气预报、敌方态势图和行动方案陈述、高价值目标、最新情报判断。这些信息协助参谋确定以下事项：信息缺口、威胁事项、地形影响、天气影响、民事事项。

（3）确定指定任务、隐含任务和关键任务。情报参谋需要判断和区分指定的、隐含的和必需的信息搜集任务。指定任务用于指导下属部队、系统、传感器和单兵；隐含任务决定系统或传感器怎样开始进行搜集；关键任务源自指定任务和隐含任务，是信息搜集工作的重点[2]。

（4）评估可投入侦察力量。参谋机构评估所有可投入力量，摸清实力底数，协调上级资源和友邻部队可提供的资源。一方面，参谋机构要衡量各方情报搜集能力，了解并说明所有部队建制力量的实际能力和不足，包括搜集范围、昼夜效能、技术特点、上报速度、目标地理位置的准确性、耐久力、威胁活动、持续能力、不足、历史表现等。其中，搜集范围是指搜集者的目标覆盖能力；昼夜效能指搜集者在不同光照条件下搜集信息的能力；技术特点指的是城市环境和天气因素对搜集者装备能力的影响；上报速度是指搜集者进行报告的时效性；目标地理位置的准确性是指搜集者判断确切位置的能力；耐久力是指搜集者所使用器材的稳定性和持久性；威胁活动指的是搜集者可确定的敌人活动数量；持续能力是指某一搜集者在无额外资源的情况下可使用某一力量的时间长度；不足指的是搜集者面对敌方时的薄弱点，

---

[1]　U.S. Headquarters Department of the Army. Army Techniques Publications 2-01.3 Intelligence Preparation of the Battlefield[M]. Washington, D.C.: Government Printing Office, 2021: GL-5.

[2]　此部分内容根据美军 FM 3-55 Intelligence Collection 和沈松等所著的《美国陆军情报与信息搜集行动研究》综合而成。

其范围不仅在目标地域，而且包括整个行进路线沿线；历史表现是指搜集力量过去的表现。另一方面，参谋人员要评估搜集力量的可用性。参谋人员必须了解本级和上下级的可用搜集力量和资源。战区和联合层级为下级分配联合情报、监视和侦察力量。军和师根据所接收到的旅战斗队需求调配支援力量。

（5）确定制约条件。在确定制约条件时，参谋机关应考虑可能制约侦察、警戒、情报行动的法律、政治、作战和交战规则等制约因素。

（6）确认关键事实和假定。参谋人员确认关键事实和假定时，首先要保证这些事实和假定与制订行动方案所需的信息搜集计划一致。例如，图像请求可能需要 72~96 小时才能满足，或人力情报工作要求大量时间来发展完成良好社会关系网，这些都是不争的客观事实。同样，计划制订中的假定，也要考虑各种力量与资源的可用性和响应能力。例如，无人机系统支援容易受天气和维修等情况的制约，有时是不可用的。

（7）进行风险评估。进行风险评估时，参谋机关应参照搜集装备的防护需求和搜集力量面临的风险，综合考虑该力量的效能。例如，将一个传感器尽量靠前放置在战场上，虽然它可以传回有价值的数据和信息，但也会将该力量置于较高的暴露、俘获或摧毁的风险之下。是否实施高风险的侦察，始终由任务变量和指挥官的决策来确定。

（8）确定指挥官最初关键信息需求。确定指挥官最初关键信息需求是制订信息搜集计划最为重要的先决条件。依据上级任务、指挥官指导、参谋评估及下级和友邻部队信息请求，参谋机构将进一步分析最初的可用信息，找出战场情报准备的缺口，提出情报需求清单。最后，参谋机构将这些需求建议提交给指挥官，形成指挥官最初关键信息需求。

（9）制订最初信息搜集计划。情报参谋为信息搜集计划提出信息需求，作战参谋负责制订信息搜集计划。在此过程中，作战参谋和情报参谋紧密合作，确保信息搜集活动与总体计划保持同步。作战军官在制订最初信息搜集计划时要考虑多种因素，包括：后续任务中对搜集力量的需求；制订最初信息搜集计划可用时间；战前实施信息搜集计划的风险；投入和撤出侦察分队的方法；恶劣天气的应急方案；通信计划；将侦察力量方位和机动情况纳入火力支援计划；向上下级移交侦察任务；后勤支援；法律支援需求。

（10）提出信息请求及支援。向上一级或友邻提交信息请求是弥补自身侦察不足的方法之一。部队向信息管理系统输入信息请求，所有部队都可在该系统中看到。情报参谋向上一级（或友邻部队）提交信息请求，整合到自己的信息搜集计划中。各级都会对此需求做出判断，如果该级无法满足这一需求，就发送到上一级。对于优先情报需求，特别是申请上级的需求，情报参谋要全程跟踪。

（11）规划和分发情报产品。情报参谋根据指挥官、参谋机关和下属部队的需求提供及时和相关的情报分析产品，满足指挥官的态势理解需要和参谋机关的态势感知需要。

3."制订作战方案"环节

美军制订作战方案时，参谋机构利用战场情报准备流程对敌方和作战环境进行系统分析，判断得出敌方重心、高价值目标和敌可能行动方案，为此制订己方作战方案。本环节的输入是指挥官重申任务、指挥官指南、指挥官意图、参谋判断与战场情报准备产品以及敌方的作战方案；输出是己方作战方案要点。围绕这些指挥活动，美军情报作战运用重点内容包括以下两方面。

（1）持续进行战场情报准备。在制订作战方案的过程中，情报参谋要细化并调整各作战方案的指挥官最初关键信息需求，持续更新战场情报准备产品和敌态势模板，根据敌方可能的作战方案来明确指定关注地域和目标关注地域，确定信息搜集事项，统筹运用搜集力量进行侦察获取，并要考虑如何利用力量的混合编组、冗余侦察和相互引导来弥补各种搜集力量的能力。

（2）协助制订己方作战方案。情报参谋和作战参谋必须在信息搜集事项上进行协作，重点是搜集力量与己方其他部队的关系、地形和气象以及敌情。参谋机构共同努力将可用资源整合进一份一体化计划，以制订己方的各个作战方案。

4．"推演作战方案"环节

美军推演作战方案是将己方作战方案逐一与敌方作战方案进行推演分析，评估作战效益与风险，评估各方案优缺点。本环节的输入是战场情报准备不断更新的情报、敌方作战方案和己方作战方案；输出是评估各作战方案的风险。围绕这些指挥活动，美军情报作战运用重点内容包括以下两方面。

（1）持续组织战场情报准备。情报参谋持续组织战场情报准备，利用侦察获取的情报不断肯定或否定敌方可能的行动方案，更新生成敌方态势模板、高价值目标列表、民事关注事项透明图、战斗信息报告及情报信息，判断敌方多种作战方案，形成己方情报需求。

（2）协助推演己方作战方案。参谋机构基于"我方行动—敌方反应—我方反制"的逻辑流程进行兵棋推演。情报参谋负责每个己方作战方案的情报、监视和侦察方面（信息搜集）的情况；同时，扮演敌方的指挥官的角色，充当"红军"与己方作战方案进行对抗，确保己方作战方案能够应对敌方行动。记录作战方案分析结果，并利用该信息来完善信息需求计划。

5．"比较作战方案"环节

美军比较作战方案是根据推演作战方案的结果和不断更新的战场情报，确定己方最终采取的作战方案。本环节的输入是战场情报准备不断更新的情报、敌方作战方案和己方作战方案；输出是推演结果、任务编组、任务分解下达和确定的己方作战方案指挥官关键信息需求。围绕这些指挥活动，美军情报作战运用重点内容包括以下方面。

（1）持续开展战场情报准备。情报参谋持续开展战场情报准备，生成敌方态势模板、高价值目标列表、民事关注事项透明图、事件模板和事件矩阵表，确定敌方作战方案。

（2）协助审查作战方案。参谋机构审查每个己方作战方案，检查其中的能力、风险以及情报、监视和侦察力量限制，确保建议的优先情报需求纳入下级单位任务和对上级的情报申请支援请求。

（3）根据推演结果修订最初设定的情报需求。情报参谋根据推演的结果，修订最初设定的情报需求，确保清晰表述情报需求，确保所有可用的情报、监视和侦察力量和资源协同动作。

6. "批准作战方案"环节

美军批准作战方案是指挥官在参谋机构的推演作战方案和比较作战方案的基础上，选中最佳作战方案并批准作战方案。本环节的输入是敌方作战方案、战场情报准备不断更新的情报和己方作战方案；输出是评估各作战方案的风险、指挥官选定的作战方案和预先号令。围绕这些指挥活动，美军情报作战运用重点内容包括以下两方面。

（1）提出情报、监视和侦察建议。情报参谋向指挥官作最新情报简报，并就指挥官选定作战方案的优先情报需求及其配套的情报、监视和侦察计划提出建议。

（2）拟制与作战方案配套的信息搜集计划。一旦指挥官批准作战方案，情报参谋和作战参谋就应协作，确保本级情报、监视和侦察力量资源与已批准的作战方案相匹配，确保各级下属了解如下内容：优先情报需求，情报、监视和侦察力量使用计划，搜集任务，生产重点，信息有效时限时间表，目标交接、侦察交接、报告职责和行动环境等情报控制措施，任务下达及报告程序，等等。

7. "拟制下达命令"环节

美军拟制下达命令是将选定的作战方案转换为明确简洁的作战计划、作战命令以及所需的支援物资，为下属司令部提供用于计划和实施行动所需的全部信息。本环节的输入是核准的作战方案；输出是作战计划和作战命令。围绕这些指挥活动，美军情报作战运用重点内容包括以下两方面。

（1）拟制与审查作战命令附件B（情报）。美军作战命令的内容区分为：第1B（1）段（地形）；第1B（2）段（气象）；第1C段（敌方）；第1E段（民事关注事项）；附录1/附件B（情报）评估等要素。情报、监视和侦察命令通常包含在作战命令第3段，以及附件B（情报）和附件L（情报、监视与侦察）。附件B为情报生产需求，附件L为情报、监视和侦察任务[1]。情报参谋与整个参谋机构一同准备附件中关于敌方或情报、监视和侦察方面的内容，审查作战命令及附件B的准确性和完整性，然后将附件发给作战参谋，与本级作战命令合并发出。

（2）更新与管理情报需求。情报、监视与侦察需求管理员在军事情报连分析与整编排的支援下，完善信息（情报产品）申请，并经情报参谋批准，将其发往上级和友邻单位。

第二节　作战实施阶段情报作战运用

作战实施阶段的情报作战运用，美军强调随着作战时间、空间的推进，应以持续战场情报准备与情报、监视和侦察行动确保实施全程情报支援。以作战旅进攻战斗为例，美军通常将作战实施区分为"接敌运动—攻击—扩张战果—追击"四个阶段[2]，每个阶段的情报作战运用如图8-2所示。

---

[1]　U.S. Headquarters Department of the Army. Field Manual 2-19.4 Brigade Combat Team Intelligence Operations[M].Washington, D.C.: Government Printing Office, 2008: 3-18.

[2]　U.S. Headquarters Department of the Army. Army Techniques Publications 2-01.3 Intelligence Preparation of the Battlefield[M]. Washington, D.C.: Government Printing Office, 2021: 7-2~7-3.

作战实施阶段情报作战运用			
"接敌运动"阶段	"攻击"阶段	"扩张战果"阶段	"追击"阶段

"接敌运动"阶段
- □ 战场情报准备
- □ 情报、监视与侦察行动

"攻击"阶段
- □ 战场情报准备
- □ 情报、监视与侦察行动
- □ 掌握敌调整部署及评估战斗损伤

"扩张战果"阶段
- □ 战场情报准备
- □ 情报、监视与侦察行动
- □ 担负侧翼安全警戒

"追击"阶段
- □ 战场情报准备
- □ 情报、监视与侦察行动
- □ 调整运用侦察与警戒力量

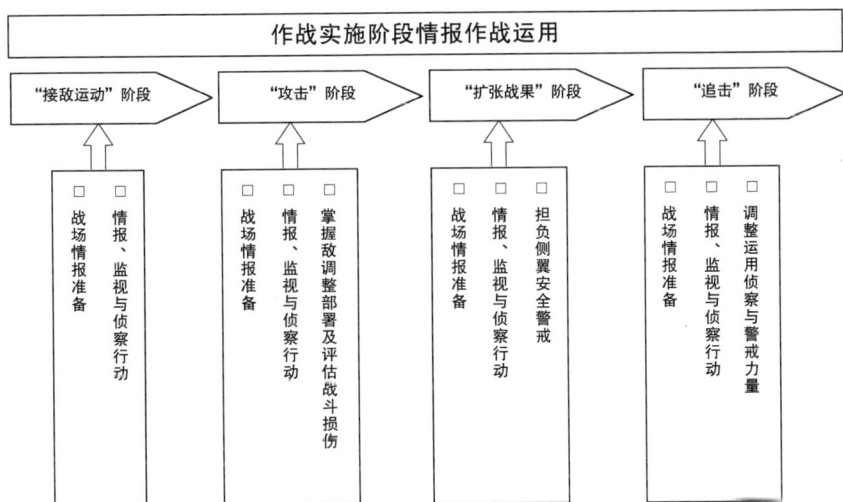

图 8-2　美军作战实施阶段情报作战运用

1. "接敌运动"阶段

美军认为，接敌运动是一种旨在发展态势并与敌军建立或恢复接触的进攻性任务（ADP 3-90）。接敌运动主要包括机动、初步的牵制行动、火力支援和防空支援等。围绕这些指挥活动和部队战斗行动，美军情报作战运用重点内容包括以下两方面。

（1）战场情报准备。美军认为，如果部队之前没有与敌方部队有过接触，那么"运动—接触"行动的中心特征就是建立或恢复与敌军的接触，因为己方和敌方部队的时间关系是未知的，所以接敌运动严重依赖战场情报准备阶段的假设。此阶段，战场情报准备重点考虑以下需求：敌军位置和意图；可能发生交战的地点与时间；己方部队可能遭遇敌方部队的危险区域位置；保护己方部队免受敌军地面观察发现或遭遇敌军突袭的攻击路线；攻击路线沿线可能影响己方部队开进的天然或人工障碍物；攻击路线沿线警戒部队的位置、类型和规模；敌军侧翼的位置和防御态势中的其他弱点；己方部队侧翼和后方威胁；

核生化沾染区的位置和范围[1]。

（2）情报、监视与侦察行动。接敌运动时的情报、监视与侦察行动，主要依据旅指挥官的关键信息需求和优先情报需求组织实施。其间需要特别考虑两个方面的事项：一是查明敌方活动情况。接敌运动中的情报获取任务，是设法查明当面之敌的活动情况，重点是敌人的后备与部署等情况，尤其是敌人的弱点，如敌方暴露的翼侧。二是支援战斗实施。确定敌方位置后，对敌人的侦察应保持不间断，侦察营、前卫侦察分队和末端攻击控制员，负责引导间瞄火力和近距离空中支援火力打击敌军，以及引导己方部队沿最佳路线打击敌人。随着战斗进程的推进，情报参谋要对敌军的行动情况作出评估。旅指挥官要指挥交战地域周围的其他侦察力量，对作战地域纵深内的敌情实施侦察。

2."攻击"阶段

美军认为，攻击是一种消灭或击败敌军、占领并保卫关键地形或二者兼而有之的进攻性任务（ADP 3-90）。对驻止之敌攻击行动是全程在火力支援下的攻击行动，主要包括接近目标的行动、火力准备、塑造性战斗行动、决定性战斗行动等。围绕这些指挥活动和部队战斗行动，美军情报作战运用重点内容包括以下方面。

（1）战场情报准备。美军认为，由于敌军的主体部署至少部分是已知的，因此攻击与接敌运动截然不同。此阶段，战场情报准备重点考虑以下需求：己方部队可能迷失方向的地域位置，如崎岖或受限制的地形；抵达目标的最佳路线；己方部队可用于支援侧翼火力和机动的地域，如火力支援和火力阵地攻击；对已知敌军和障碍物的位置进行侦察监视。

（2）情报、监视与侦察行动。美军认为，对驻止之敌无论是实施仓促攻击，还是实施预有准备攻击，旅指挥官都必须准确掌握敌军

[1] U.S. Headquarters Department of the Army. Army Techniques Publications 2-01.3 Intelligence Preparation of the Battlefield [M]. Washington, D.C.: Government Printing Office, 2021: 7-2.

兵力和部署情况。侦察行动突出以下5个方面：一是当面之敌的部署；二是敌交战地域的有关情况；三是敌人的弱点；四是支援作战旅接近目标的情报信息；五是支援作战旅在目标地域进行战斗时的情报信息。

（3）掌握敌方调整部署及评估战斗损伤。在攻击行动期间，情报、监视和侦察分队要不间断地侦察获取并报告敌军调整部署情况和敌方反突击等征候，情报参谋要评估敌军战斗损伤情况。

3. "扩张战果"阶段

美军认为，扩张战果通常是在成功攻击后旨在瓦解纵深之敌而采取的一种进攻性作战（JP 2-01.3）。扩张战果的目的是彻底消灭、瓦解敌军。扩张战果行动主要包括：火力支援打击旅正前方之敌重要目标，根据需要进行特遣编组向前配置，保持攻击锐势，在进行补给和补充燃料的同时通过小规模攻击行动保持对敌压力等。围绕这些指挥活动和部队战斗行动，美军情报作战运用重点内容包括以下方面。

（1）战场情报准备。美军认为，应充分利用前期胜利和己方部队持续行动的优势，实施扩张战果行动。此阶段，战场情报准备重点考虑以下需求：在行动之前确定敌军预备队的位置；在敌军向己方部队扩张战果的路线上部署反机动力量之前要确定其位置；敌军试图重建防御的位置；敌军后勤或补给行动的位置。

（2）情报、监视与侦察行动。迅速拟制最新的情报、监视和侦察计划，不断辅助指挥官指挥侦察力量就作战旅附近地域内敌方位置和编成情况进行侦察，设法发现那些有助于彻底瓦解敌军的目标，如敌预备队、敌指挥控制设备、野战炮兵、后勤节点和逃跑路线等。

（3）担负侧翼安全警戒。为了不降低作战旅的运动速度，包括无人侦察机在内的侦察力量，在旅的侧翼担负安全警戒任务，警戒本级与友邻部队的接合部，发现预警敌方可能的突然袭击。

4. "追击"阶段

美军认为，追击是追歼溃逃之敌的进攻性任务（ADP 3-90）。追击通常在成功实施扩张战果行动后实施，其主要目的是最终彻底消灭溃退之敌。追击行动和扩张战果行动的主要区别在于：扩张战果行动的主要目的是夺取关键地形或决定性地形，不注重消灭多少敌军；追击行动的唯一目的，就是消灭敌人。追击行动主要包括尾随追击和合围追击（联合追击）。围绕这些指挥活动和部队战斗行动，美军情报作战运用重点内容包括以下方面。

（1）战场情报准备。美军认为，在追击时，情报参谋必须向指挥官建议考虑敌军可能的欺骗（敌军是撤退还是要将己方部队引入可以用常规手段或大规模杀伤性武器消灭的伏击圈）。此阶段，战场情报准备应重点考虑以下需求：敌军可能的撤退路线；追击路线的可用性和状况；阻击点的位置和可达性；影响敌军和己方机动的关键地形位置；敌军未投入战斗的部队位置；确定能够影响己方部队机动的火力支援和空中力量；敌军无法坚守防御阵地也不能密切配合执行防御任务的征候；敌军仅能实施有限反击的征候；敌军加强侦察行动的征候；敌军销毁武器和装备的征候；整个作战地域内敌军间瞄火力减弱（强度和效果）的征候；整体防御火力减弱的情况下，敌军前沿阵地一点或多点间瞄火力增强的征候；敌军第二梯队防线的位置；迂回部队的位置、类型、实力和规模；战场上新出现的部队；抵抗增强的征候。

（2）情报、监视与侦察行动。在追击时，情报、监视和侦察行动的重点是跟踪监视残敌的运动状态，侦察敌方可能使用的退却路线，及时查明发现纵深敌情，快速获取纵深目标信息。

（3）侦察与警戒力量调整使用。在追击时，调整本级所有情报、监视和侦察力量的力量编组、部署和使用，确保一部分侦察力量用于侦察、监视残敌，一部分侦察力量用于旅运动时侦察警戒侧翼的安全。

与进攻战斗相比，美军认为，防御性任务是指为抗击敌方的进攻，争取时间、节省兵力，并为进攻或稳定性任务创造条件而执行的任务（ADRP 3-0）。美军防御战斗作战实施阶段情报作战运用如表8-1所示。

表 8-1 美军防御战斗作战实施阶段的情报作战运用

项目		情报作战运用
共性需求		①定位和跟踪敌军主要任务部队、预备队、侦察力量和支援部队。 ②确定敌军是否使用特种弹药。 ③定位和跟踪敌军近距离空中支援。 ④定位敌军信息能力。 ⑤定位敌后装物资（维持资源）。 ⑥根据敌军规模和类型确定敌军进攻性物资需求。 ⑦在不增加维持支援的情况下，确定敌军进攻持续时间/转折点。 ⑧识别敌军欺骗行动。 ⑨确定敌军指挥官的目标、最终状态、决策点。 ⑩确定敌军的决定性点、关键事件。 ⑪确定敌军指挥官下列行动的意图：侦察与监视、火力、拒止和欺骗、可供防御的地形、战斗阵地、交战地域、间瞄火力阵地、预备队计划的反冲击路线。 ⑫为间瞄火力和近距离火力支援划定目标关注地域。 ⑬确定民事关注事项对己方和敌方行动的影响。 ⑭敌方军队利用平民掩护其机动。
特殊需求	地域防御[1]	⑮天然抵抗线的位置、明确的通道、通视线和其他有利于防御的地形特征。 ⑯地形有利于前沿防御还是纵深防御。
	机动防御[2]	⑮就防御目的对敌军实施欺骗的方法。 ⑯隐蔽突击部队的地形。
	撤退[3]	⑮己方部队可能的撤退路线。 ⑯敌军部队可能的追击路线。 ⑰敌军阻止撤退可用的阻击点。 ⑱可以利用障碍物、间瞄火力和近距离空中支援扰乱敌军行动的地域。

资料来源：U.S. Headquarters Department of the Army. Army Techniques Publications 2-01.3 Intelligence Preparation of the Battlefield[M]. Washington, D.C.: Government Printing Office, 2021: 7-4.

注：[1] 地域防御是指在特定时间内集中力量阻止敌军进入特定地域，而不是彻底消灭敌军的一种防御性任务（ADP 3-90《进攻和防御》）。

[2]机动防御是通过突击部队发动决定性攻击，集中力量消灭或击败敌军的一种防御性任务（ADP 3—90《进攻和防御》）。

[3]撤退是有组织地远离敌军的一种防御性任务（ADP 3-90《进攻和防御》）。

第三节　作战评估阶段情报作战运用

美军认为，评估是评测军事行动期间部队能力整体运用效果的一个持续的过程[1]。指挥官和参谋人员在作战筹划的分析任务阶段就要及早考虑制定评估标准，在制订计划时要确定相关的评估活动和衡量标准，并将评估标准及相关指示纳入指挥官和参谋机构的判断中，同时使用评估注意事项来帮助指导作战筹划。在作战实施阶段，指挥官及其参谋机构持续监视部队的任务进展情况、实现预期效果情况和达成目的情况。评估活动和衡量标准有助于指挥官在必要时对行动和资源做出调整，确定何时实施分支行动和后续行动，并下定其他重要决心，从而保证当前和尔后行动同任务与预期结果一致[2]。美军指出，评估在各个层次的军事行动中进行，战略级和战役级的评估工作关注更加广泛的任务、目标、达成目标的必要条件和朝最终状态的进展情况，战术级的评估则关注任务完成的情况。

美军认为，陆军作战评估区分为战役级评估和战术级评估。战役级评估主要集中于任务、效果、目标和实现特定最终状态的进展情况，通常使用目标实现的有效程度来进行。战术级评估通常使用执行程度对任务完成情况进行评价，通常使用任务的执行程度来进行[3]。

1. 使用有效程度评估情报作战运用

美军战役级评估使用有效程度来评估行动朝着目标进展的情况，有效程度要回答"我们是否正在做正确的事情、我们的行动是否正在

---

[1] 此处为美军联合出版物 JP 2-01.3《联合作战环境情报准备》的定义，在 ADP 5-0《作战流程》等条令也把"评估"定义为"是使用标准来判断所期望条件的进展，并确定为什么当前的进展程度存在"。

[2] U.S. Joint Chiefs of Staff. Joint Publication 2-0: Joint Intelligence[M]. Washington, D.C.: Government Printing Office, 2007: IV-19.

[3] U.S. Joint Chiefs of Staff. Joint Publication 2-0: Joint Intelligence[M]. Washington, D.C.: Government Printing Office, 2013: IV-10.

产生预期效果，或者我们是否需要有预备行动"等类似的问题[1]。情报作战运用重点内容包括以下两方面。

（1）战场情报准备。通过战场情报准备分析敌方行动方案、重心、关键节点和链接[2]以及与己方任务、最终状态和目标相关的其他作战环境重要特征，帮助确定己方行动的潜在预期和未知预期结果。使用"红队"从敌方的角度严格地检验有效程度，有助于指挥官和参谋人员判断陆军部队是否在为达成目标"做对的事情"，而不是仅仅"在做正确的事"。

（2）情报、监视和侦察行动监测迹象。有效程度建立在能够被观察到且叫被衡量的迹象上。迹象可作为存在某种条件的证据，或证明已经或尚未获得某些结果。多种迹象就可以反映出有效程度，多个有效程度就可以帮助指挥员和参谋机构衡量实现目标的进展情况。许多迹象可以被战场上的情报、监视和侦察行动侦测发现，从而确定目标实现的有效程度。

2. 使用执行程度评估情报作战运用

美军战术级评估包括：使用调整线评估行动的进展情况，对敌军的压制情况，对关键地形、人员或资源的控制情况，安全或重建任务的执行情况，等等。美军指出，战斗评估是战术级评估的一种，战斗评估主要集中于查明武器投入使用的结果，主要包括战斗损毁评估、弹药效能评估和再次攻击建议评估[3]。情报作战运用重点内容包括以下几方面。

（1）情报支援战斗损毁评估。战斗损毁评估旨在确定在目标要

---

[1]　U.S. Joint Chiefs of Staff. Joint Publication 2-0: Joint Intelligence[M]. Washington, D.C.: Government Printing Office, 2007: IV-20～IV-24.

[2]　这里的链接是指敌方政治、经济、军事、社会、信息和基础设施相互依存的联系。

[3]　U.S. Joint Chiefs of Staff. Joint Publication2-0: Joint Intelligence[M]. Washington, D.C.: Government Printing Office, 2013: IV-10.

素级、目标级和目标系统级实施目标打击的效果，以便提出再次攻击建议以及后续目标确认。情报参谋首先通过第一阶段的武器系统视频、地面弹着点观察员或战斗观察报告、信号情报、人力情报、地理空间情报、测量与特征情报以及公开来源情报等，评估目标受到的物理损毁；其次通过第二阶段对物理损毁和变化评估以及融合更详细描述物理损毁的全源情报产品推断得出目标功能或作战能力的功能损毁情况；最后是通过第三阶段对总系统内单个目标进行功能损毁评估，运用信号情报等手段深入系统分析得出目标系统级损毁评估。

（2）情报支援弹药效能评估。弹药效能评估与战斗损毁评估同时进行并相互作用，主要由作战参谋牵头负责，情报参谋参与和协调，并提供各种各样的情报和作战数据，包括战斗损毁评估的功能损毁报告，以便对弹药的武器系统、引信和战术运用等方面提出修正的建议。

（3）提出再次攻击建议或未来目标计划。再次攻击建议或未来目标计划综合了作战和情报两项职能。其中，情报参谋通过战斗损毁评估和弹药效能评估就再次攻击的目标提出系统性建议，考虑目标是否被摧毁、是否有被修复的可能或其何时会被修复，最终形成再次打击建议和未来目标计划，以指导下一步的目标选择工作。

第九章 美国陆军情报侦察强点评析

情报上说敌人在哪里，敌人就确定在那里，并按情报上的描述部署在那个地方……战术情报的作用的确令人赞叹。

——约翰·J.约素克

美军在建军之初就高度重视情报工作，在独立战争、西进扩张、南北统一乃至称霸全球的 200 多年发展过程中，出色的情报工作始终是其克敌制胜的"赋能器"和"力量倍增器"，多次在生死关头为美军扭转战局、为美国走向强大做出了卓越贡献。时至今日，在情报条令法规方面，美军建立了配套完善的联合、军种和兵种情报条令；在情报体系构建方面，美军形成了联合、国家和盟军多级一体的情报侦察体系；在情报分析研判方面，美军制定了定量标准且成熟运用各型新兴自然科学分析方法；在情报作战运用方面，美军突出标准作业程序。美军这些情报工作强点，值得世界各国军队学习借鉴。

第一节 情报条令法规强点——自上而下建立系列配套的联合、陆军情报侦察条令

军队总结升华军事理论和战争经验的最高成果就是作战条令。美军认为，作战条令不仅是军队建设方向的重要引领，而且是作战行动的基本准则。就情报侦察相关条令而言，美军强点表现在四个方面。

1. 衔接配套、体系性强。在联合层面，美军顶层情报条令有联合出版物 JP 2-0《联合情报纲要》、JP 2-01《联合与国家情报对军事行动的支援》、JP 2-01.2《联合作战中的反情报与人工情报》、JP 2-01.3《作战环境联合情报准备》和 JP 2-03《联合作战地理空间情报支援》等，这些条令从顶层规范了联合情报的基本内涵、职能任务、基本原则和运行流程，将作战行动、计划、实施与情报工作融合成一个整体，同时明确了联合情报准备的程序以及对联合作战计划制订、作战实施和评估的情报支援。在陆军层面，在陆军条令体系的陆军条令出版物（ADP）、陆军条令参考出版物（ADRP）、野战手册（FM）、陆军技术出版物（ATP）和应用程序（App）五个层级，分别有陆军条令出版物 ADP 2-0《情报》、陆军条令参考出版物 ADRP 2-0《情报》、野战手册 FM 2-0《情报》和 FM 3-55《信息搜集》、陆军技术出版物 ATP 2-01.3《战场情报准备》和 ATP 2-33.4《情报分析》等陆军情报条令，以及若干计算机应用程序或手机 App。这些陆军情报条令自上而下、一一对应或是上一下多对应，逐层细化、层层支撑，明确规定了陆军部队情报支援的职能任务、基本原则及其战术、技术和程序。在兵种（专业）层面，对于侦察（骑兵）连和侦察排这样的侦察情报实体单位，编设有 FM 3-20.971《侦察（骑兵）连》和 FM 3-20.98《侦察排》等条令出版物；对于侦察与警戒等作战行动，编设有 FM 3-98《侦察与警戒行动》、FM 3-90.2《侦察、警戒与战术赋能行动》等条令；根据情报门类，编设有 FM 2-22.2《反情报》和 FM 2-22.3《人力情报》等独立成本的条令。这些情报条令作为联合和陆军情报条令的重要补充，详细描述了具体侦察情报实体单元具

体行动的战术、技术和程序方法，实现了整个情报条令体系的横向到边、纵向到底，各层级、各专业全覆盖。美军情报条令体系如图9-1所示。

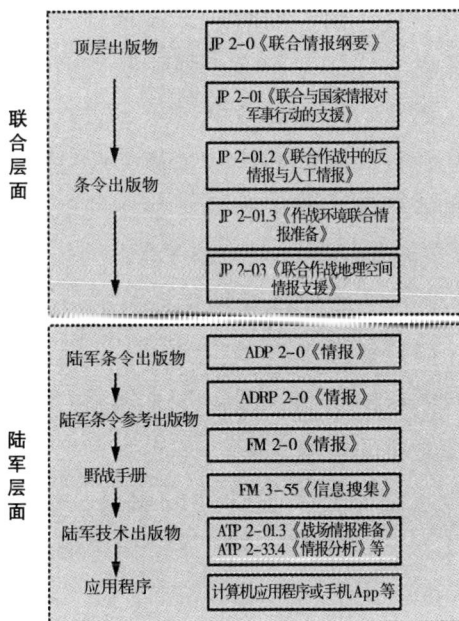

图9-1 美军情报条令体系

2. 内容具体、操作性强。美军情报条令不仅注重原则指导，更加强调可操作性。按照美军自己的说法，条令应是集思想、原则、战术、技术、程序、方法、艺术于一身的操作指南，每一步的战术、技术和程序都要讲得非常具体。比如，美国陆军技术出版物ATP 2-01.3《战场情报准备》开篇绘制出战场情报准备与军事决策程序步骤的关联框图，用一张图清晰地展示了美国陆军战场情报准备各步骤与军事决策程序各步骤间的对应关系。具体来说，首先，在框图中间标绘出军事决策程序的七个步骤，即受领任务—分析任务—制订作战方案—推演作战方案—比较作战方案—批准作战方案—拟制下达命令；其次，在对应军事决策程序的相应步骤上，分别标绘出与之链接运行的战场情报准备步骤，即明确作战环境—描述环境对作战的影响—评估敌方威

胁—判明敌方作战方案；最后，军事决策程序每一步骤的输出结果是
战场情报准备对应步骤的输入，而战场情报准备相应步骤的输出结果
又成为下一步的军事决策程序的输入。二者相互依赖、互相支撑、交
互运行的复杂关系一目了然。同时，该条令将战场情报准备的"明确
作战环境—描述环境对作战的影响—评估敌方威胁—判明敌方作战方
案"四步分别独立成章，每章都按照"是什么、怎么样和如何做"的
顺序展开，非常符合官兵阅读和认知规律。此外，《战场情报准备》
条令的正文内容通俗易懂、便于阅读，全文共引用了 3 个战例、给出
了 11 个示例和 78 个图表，附录中列举了 34 个参考样例图表。可以说，
内容清晰明了，易执行，实用性和操作性很强。

　　3. **更新及时、实效性强。**自 20 世纪 90 年代以来，美军情报条令
基本上形成了定期更新的机制，即每隔 5 年左右就根据编制、实战经
验、科研成果以及最新的作战构想、作战概念等不断调整更新情报条
令，使之始终能够适应形势需要和作战发展。例如，1995 年，美军
JP 2-0《联合情报》采纳了美国学术界"情报周期"的提法，将其划
分为计划与指导（planning & direction）、搜集（collection）、处理
（processing）、生产（production）、分发（dissemination）五个阶段，
但随着认识和实践的深入，在 2000 年、2007 年和 2013 年分别进行
了细化和完善，直至现在以情报流程概念取代情报周期概念，并将五
个阶段调整为六类活动（计划与指导、搜集、处理与加工、分析与生
产、分发与整合、评价与反馈）。又如，1995 年、2000 年、2007 年
到 2013 年美军各版 JP 2-0《联合情报》对情报产品的分类，从最初
的五类（征候与预警情报、动向情报、总体军事情报、目标情报和科
技情报）扩展到六类、七类，直至现在的八类（征候与预警情报、动
向情报、总体军事情报、目标情报、科技情报、反情报、评估性情报、
身份情报）。当前，随着美军要重回大国对手竞争战略，提出"多域
作战"等新的作战概念，美军在联合、军种和兵种层面的情报条令又
开始了新一轮的调整更新。

4. 突出需求牵引为先、实践推动为重、技术催生为助的建设策略。
美军情报条令之所以自上而下体系设计、系统全面衔接配套和内容具体操作性强，并不断推陈出新，是作战需求牵引、实战经验推动和最新技术发展三者综合作用的结果。

（1）以需求牵引为先，始终用新的作战理论或概念持续牵引条令建设。美国是"实用主义"至上的国家，自20世纪90年代以来，国际安全形势和战争需求发生深刻变化。美军判断，随着苏联解体、冷战结束，发生世界大战的可能性大大降低；但与此同时，全球各地的局部动荡与战争仍将此起彼伏，充当"世界警察"仍是其重要任务。2001年9月11日，美国遭受恐怖袭击，非国家、非政府的组织或个人的恐怖行动成为其国家安全主要威胁；经过十年反恐，2011年美军在"海王星之矛"行动中击毙了基地组织头目本·拉登之后，再次调整国家安全战略和防务战略，将中、俄、朝、伊等国明确列为主要威胁对手，重回大国对手竞争时代。2017年10月，美国陆军公布新版《作战纲要》，将"大规模作战"作为陆军顶层作战概念，强调要"将美国陆军从反暴骚乱的伊拉克、阿富汗战场全面带回与大国对手的高强度对抗战场"。在上述不断调整的作战需求持续的强力牵引之下，为了应对各种威胁和击败潜在对手，美军先后提出了"震慑"理论（1995年）、"网络中心战"理论（1997年）、"快速决定性作战"理论（1999年）、"知识中心战"理论（2005年）、"混合战争"理论（2007年）、"空海一体战"理论（2011年）、"跨域联合"理论（2011年）、"全球一体化作战"理论（2012年）和"多域作战"概念（2016年）。随着这些作战理论与概念的提出，条令作为联结作战理论与作战实施之间的纽带，必然会吸纳这些最新的作战理论精华，并固化到条令当中去，作为军队作战的顶层理论规范。例如，上文提出的以情报流程概念取代情报周期概念，以情报的六类活动拓展情报的五个阶段，情报产品从最初的五类扩展到现在的八类，新增身份情报作为情报产品类型等都是作战需求和作战理论在情报条令上的直接反映。

（2）以实践推动为重，不断总结汲取当前实战经验教训，调整革新条令。"理论总结—实践运用—理论再总结"的循环是事物发展的一般规律。善于总结实践经验、反思实战教训历来是美军更新作战条令的重要推动力。早在"一战"结束后的1920年，基于美国远征军在欧洲战场上的情报侦察经验，美国陆军发布了首部情报条令——《情报规范》（*Intelligence Regulations*），这标志着美国陆军对情报侦察的总结上升到条令法规高度。自此，战争结束之时，即成为美军向国会提交报告之日，也成为总结更新作战条令之始。例如，海湾战争结束后，美军于1995年推出系列作战条令；1999年科索沃战争结束后，美军于2000年颁布了更新的作战条令。同样，21世纪以来，2001年阿富汗战争的美军"持久自由"行动、2003年伊拉克战争的美国陆军"伊拉克自由"行动和2011年美军击毙本·拉登的"海王星之矛"行动，总结这些作战行动的经验教训，作战条令随后都有相应的更新调整。美军情报条令作为美军条令体系的重要组成部分，自然也随着战争经验而不断更新调整。1996年，面对信息化战争的到来，为谋求信息优势，美军对情报分发提出了四个任何理念，即在任何时刻、任何地点，将任何信息送到任何人手中。但在随后的阿富汗战争、伊拉克战争中美军指挥官面临的不是没有情报可用而是大量与己无关的信息洪流干扰。于是，随后的美军情报条令将谋求信息优势的目标调整为谋求决策优势，推动情报分发方式由四个任何向五个恰当转变，即从"在任何时刻、任何地点，将任何信息送到任何人手中"，调整为"在恰当的时间、恰当的地点，将恰当的信息以恰当的形式交给恰当的接收者"，同时压制敌方谋求同样能力的企图。由此，美军确立了新的情报分发基本原则。

（3）以技术催生为助，注重借鉴运用最新科技成果更新完善条令内容。正如恩格斯所指出的：一旦技术上的进步可以用于军事目的，并且已经用于军事目的，它们便立刻几乎强制地，而且往往是违反指挥官的意志，从而引起作战方式上的改变，甚至变革。随着科学技术的飞速发展及其在军事领域的广泛运用，侦察情报领域的侦察传感技术、通信传输技术、图像识别技术、智能融合技术、深度挖掘技术和辅助决策技术日新月异。技术至上是美国民族的另一显著特点。在军事上，美军总是优先把最为先进的技术运用于情报侦察领域，推动情报侦察的变革，同时深刻带动了美军情报条令的创新发展。技术对美军情报条令的影响可从"情报类别"（intelligence discipline）概念窥见一斑。一般地，对情报类别通常按照学科领域来进行划分，而美军的情报类别是指"使用特定种类的技术或人力资源进行情报计划、搜集、处理和利用、分析和报告"。美军认为，"它是一种明确界定的、利用特定类别的技术或人力资源进行情报计划、搜集、处理、加工、分析与报告的领域"，是从技术角度来划分的。随着技术的发展，情报类别在经过一系列的新建、调整或合并之后，目前，美军联合层面将情报类别分为地理空间情报（GEOINT）、人力情报（HUMINT）、信号情报（SIGINT）、测量与特征情报（MASINT）、公开来源情报（OSINT）、技术情报（TECHINT）、反情报（CI）七类，技术特征非常明显。

第二节　情报体系构建强点——能够快速融入联合、国家和盟军多级一体情报体系

美国陆军情报体系除了具有健全的军种情报侦察机构、强大的层级编制侦察力量和先进的情报侦察装备以外，强就强在还具有丰富的联合作战实战经验，有庞大及众多的国家级情报部门与高新技术企业支撑，有遍布全球的情报搜集分析基地，有众多利益紧紧捆绑的军事盟友。这些都使美国陆军的情报体系能够快速融入联合、国家和盟军多级一体情报体系，这是其情报体系的又一强点。

1. **美国陆军能够无缝融入联合情报体系**。1991年的海湾战争是美军联合作战情报支援发展历程的重要分水岭。在这场战争中，美军中央司令部联合情报中心充分发挥了计划、管理、协调战区所有情报

活动的作用，情报支援模式初步实现由各军种"自主保障"向"交叉支援"转变。当前，美军分布式通用地面系统（DCGS）是陆军、空军、海军和陆战队通用的多源情报、监视与侦察信息的综合应用系统，可实时接收、处理及分发情报、监视与侦察信息，如图9-2所示。陆军分布式通用地面系统（DCGS-A）是其中的陆军型，该陆军型又进一步区分为固定式、移动式和嵌入式三种配置，分别配属给军事情报旅、军事情报营和普通士兵。通过该系统的地面站，可同时接收、处理和分发从侦察卫星、侦察飞机、无人侦察机以及地面/海面等其他军种侦察监视平台传送来的各种情报信息。陆军所有机构通过陆军分布式通用地面站都能获取到天基卫星的情报、监视和侦察（ISR）产品。又如，美国陆军和空军联合研制的E-8"联合监视目标攻击雷达系统"，作为一种机载地面活动目标指示雷达，它能够全天候监视150千米×180千米大面积战场区域，并把地面目标实时显示在态势图上，为远程火力精确打击提供目标指示引导。伊拉克战争中，美军师一级部队配备了E-8"联合监视目标攻击雷达系统"通用地面站，师通过本级移动目标指示雷达数据与空军E-8提供的移动目标指示雷达数据进行融合，大大拓展了对战场纵深实时感知的空间范围。

图9-2　美军分布式通用地面系统（DCGS）示意图

2.**美国陆军能够快速得到国家情报支援。**美国陆军有五种方式从国家级情报机构得到情报支援：一是通过国家机构驻作战司令部代表。中央情报局、国防情报局、国家安全局、国家地理空间情报局和国家侦察办公室通过其代表向作战指挥官提供全时支援，就如何最有效地利用代表所在单位的能力提出建议，并担任与原单位的联络工作。二是通过国家情报支援小组。在危机或应急行动期间，国家从整个情报界组织抽调形成国家情报支援小组向指挥官提供国家级全源情报支援。国家情报支援小组通常由国防情报局、中央情报局、国家地理空间情报局、国家安全局和其他机构的情报和通信专家组成。三是通过危机情报联盟程序。危机或战争爆发后，启动危机情报联盟程序从情报界获得支援。四是通过快速反应小组。可以申请联合部队司令部常设的快速反应小组随部队一起部署并获得情报支援。五是通过国防部国家军事联合情报中心获得支援。由国防部国家军事联合情报中心协调国家相关情报机构满足部队情报需求[1]。例如，海湾战争中，美国陆军中央司令部 G-2 部得到陆军情报局增派的专家和技术人员，每日能够接收更新的资料；此外，还得到陆军情报局下发的一套 1∶50000 比例尺详尽描绘每一个伊拉克师部署位置及其防御工事的态势图。伊拉克战争中，国家安全局和国家图像与测绘局等一些国家机构向第 3 机步师派出了支援小组，这些支援小组利用通信卫星可以直接得到上级部门的情报支援，并向师一级部队提供近实时的图像情报[2]。

3.**美国陆军拥有众多渠道共享盟军情报。**美国、美军从"一战"时期就与英法等国军队共享情报，"二战"之后与英国、加拿大、澳大利亚和新西兰四个英语国家组成情报共享联盟，即"五眼联盟（Five

---

[1] 美军联合出版物 JP 2-01. 联合与国家情报对军事行动的支援 [M]. 北京：解放军出版社，2009：20-27。

[2] Marks J A. Lessons Learned: Six Things Every "2" Must Do-Undamental Lessons from OIF-Military Intelligence During War with Iraq[R]. Military Intelligence Professional Bulletin, 2003: 16.

Eyes Alliance）"。可以说，无论是国家层面，还是军队层面，无论是平时，还是战时，美军都具有悠久的情报共享传统和丰富的情报共享经验。在其顶层的《联合与国家情报对军事行动的支援》条令中强调："每个国家的情报系统都具有其实力和局限性，也具有其可以用来弥补美国情报资源不足的独特而宝贵的能力。参与国的情报、监视和侦察资产（特别是那些需求很高的机载情报、监视和侦察平台）应该全部纳入多国部队的情报搜集计划。""在大多数多国作战行动中，联合部队指挥官需要与外国军队共享情报，也要协调从多国部队接收情报。"因此，作战中美国陆军拥有众多的渠道和途径从盟国获取情报支援。例如，在阿富汗战争中，美国陆军先是与巴基斯坦三军情报局密切合作，获取了阿富汗地形地貌和气象水文的书面报告以及塔利班的装备实物等情报，对实施后续情报侦察行动提供了很大帮助。同时，美军又与英国军情六处的特工并肩战斗、共享情报，共同追踪本·拉登的踪迹。

第三节　情报分析研判强点——建立系列定量情报标准且成熟运用多学科创新方法

　　作为情报工作的一个重点和难点，情报分析研判主要是一种思维活动，既是一门严谨的科学又是一种依赖经验的艺术。东方国家善于辩证思维，长于整体分析，能够较好地从目标与体系、局部与全局、当前与长远、强点与弱点的整体分析中得出情报结论。与此不同，美国一直以来就是一个崇尚技术的国家，美军有着悠久的技术制胜传统文化。美国陆军擅长利用技术的进步和运用多种自然科学方法推动情报侦察的创新发展，解决情报分析研判的各种重难点问题，这是其情报侦察工作的又一强点。

1.**美国陆军树立自然科学、精确计算、定量分析等情报分析思维。**自从20世纪40年代以来，美国人在技术至上价值观和实用主义思维的影响下，在情报分析研判理论和实践中积极引进自然科学方法特别是数学和计算机科学方法，通过数理逻辑、形式逻辑和概率统计等量化分析方法对情报进行深入分析研判，对推动其侦察情报理论研究创新发展起到了很好的作用。正如美国军事术语中有很多引用自然科学的专业用语，如顶点、决定点、重心、协调线、透明图、事件矩阵表、态势模板等一样，在情报分析研判方面，也有很多这样的自然科学用语。例如，美国陆军结构化分析方法包括分类、矩阵、敌方意图矩阵、事件图绘制、事件树、主观概率和加权（权重）排序；美国陆军对情报规律分析的方法工具有编年表、规律分析图、事件透明图和生活规律分析；美国陆军新兴的逆向思维情报分析方法有A队—B队、低可能—高影响和意外事件分析；等等。从这些术语我们就可以看出，自然科学、精确计算和定量分析等方法对情报分析思维的影响之深。美国陆军情报理论的自然科学特征一方面源于其悠久的技术至上传统文化，做任何创新工作都本能地向技术寻求答案；另一方面是由于它强调要保持军队的质量优势，必须借助军事技术和自然科学的推动。因此，军事技术进步和自然科学发展成为助推美国陆军情报分析研判的首选。

2.**美国陆军执行"可靠性、可信性和置信度"情报分析定量标准。**美国陆军不仅停留在定量分析的情报思维层面上，而且将定量分析落实到具体的情报分析步骤中。一是统一了可能性大小的量化标准。美国情报界对几乎不可能（almost no chance）、非常不可能（very unlikely）、不太可能（unlikely）、有一半可能（roughly even chance）、很可能（likely）、可能性很大（very likely）、基本确定（almost certainly）这七个表示可能性大小的主观表述，可能性大小分别量化为1%~5%、6%~20%、21%~45%、46%~55%、56%~80%、81%~95%、96%~99%七个等级。二是确定了情报来源和信息可信性的量化标准。依据是以同一情报来源原先所提供信息的准确性、特定情报侦察装备能力性能以及评估人员的经验直觉，美军对情报的来源可靠性与该条信息的本身可信性分别独立评估，即对每条新信息的情报来源可靠性用字母 A ～ F 六个等级来进行标定，对每条新信息本身的可信度用数字 1 ～ 6 六个等级来标定，最后使用字母和数字混合标记其可信程度。三是明确了情报产品的置信度量化标准。美军从情报来源的可靠性及信息的可信性、重要假设的数量、论证的力度三个方面综合考虑，将情报产品置信度等级区分为低级、中级和高级三个等级。可以说通过这三层近乎苛刻的量化标准层层定量分析，确保了情报分析研判产品结果的严谨可信。

3. 美国陆军运用结构化、诊断性、核心类和新兴型情报分析方法。 21 世纪以来，美国国内情报分析理论层出不穷、日新月异，加之美军长年累月的战争实践，美国陆军已经渐渐成熟运用结构化、诊断性、核心类和新兴型等情报分析方法。例如，美国陆军使用结构化分析的分类方法，对 5 名路边炸弹袭击者的手机通信数据进行分类，确定通话频度和规律，从中发现关键人物，重点观察通话频度和规律变化以及具体通话日期与时间，从而发现袭击者计划的行动日期。又如，美国陆军运用诊断性分析的活动征候分析方法，从以下敌军活动征候集合中任意 3 种以上就可分析判明敌方即将发起进攻行动：①敌集结机动、装甲、火炮和后勤部队；②在相对狭窄（非地形限制）的地面部署战斗分队；③将坦克和自行火炮分散部署到前沿部队；④集结间瞄火力；⑤空中侦察活动增多；⑥通信激增或无线静默等。再如，美国陆军用一种叫规律分析图的新型工具来确定敌人倾向于在何时实施特定类型的行动。如图 9-3 所示，该图由一个圆形矩阵和一个日历表构成，圆形矩阵按顺时针方向每隔一小时分割为一个扇区，通常划分为 24 个扇区；同时，圆形矩阵从内向外又划分为多个同心圆，每个同心圆表示每个月从第 1 天到第 31 天的日期，这样就形成了以日期为经、以时间为纬的圆状网格图，基于此图把伊拉克武装分子每个月发动的

"恐怖"袭击事件按照发生日期和具体时间标绘在相应的图格里，最终通过这张图就可以非常直观地看出，敌军有 6 次伏击发生在月初几天的 18 时 00 分至 19 时 00 分。但是，在该月晚些时候，有 2 次伏击发生在 19 时 00 分至 20 时 00 分。通过分析，美国陆军得出伊拉克武装分子伏击时间选择有新变化的判断结论。

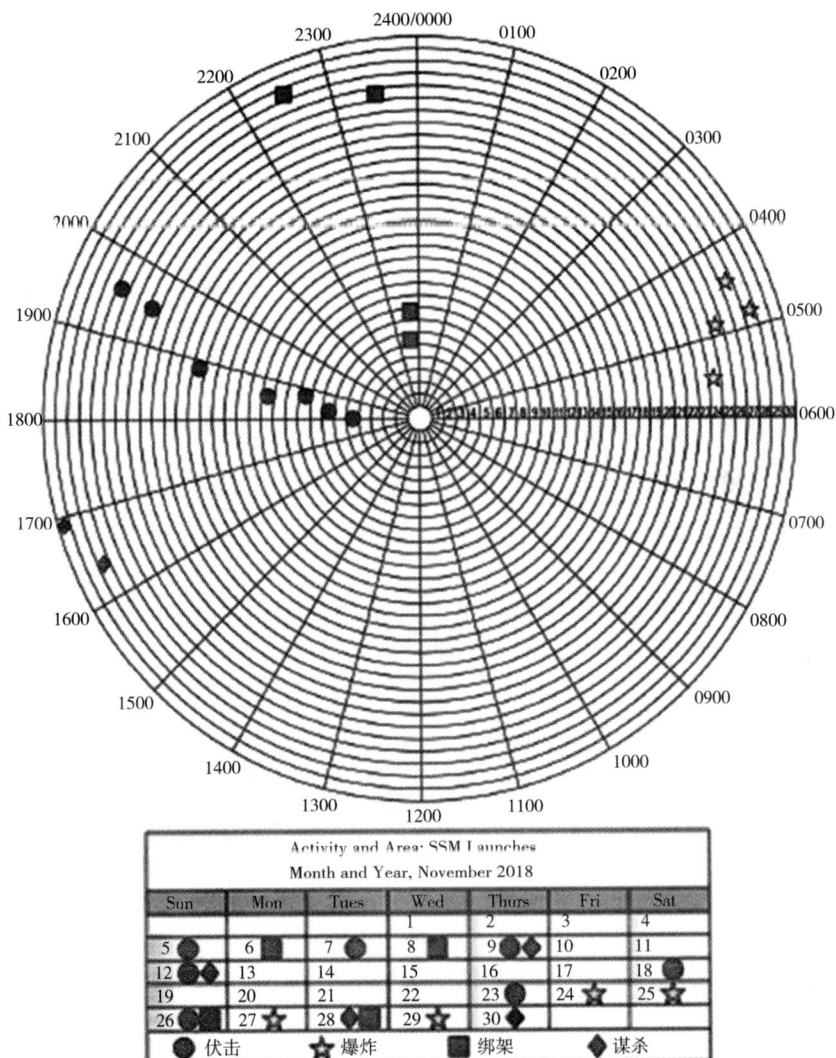

Activity and Area: SSM Launches Month and Year, November 2018						
Sun	Mon	Tues	Wed	Thurs	Fri	Sat
			1	2	3	4
5	6	7	8	9	10	11
12	13	14	15	16	17	18
19	20	21	22	23	24	25
26	27	28	29	30		

● 伏击　☆ 爆炸　■ 绑架　◆ 谋杀

图 9-3　美国陆军规律分析图

第四节　情报作战运用强点——固化形成以战场情报准备等为代表的标准作业程序

在实用主义文化熏陶之下，美国人历来强调工程化，即做任何事都要像建筑一座大厦一样，首先夯实地基，而后立起四梁八柱，接着逐层筑砌，最后加盖封顶，形成一套标准化、规范化和模块化的工作程序和方法。反映到作战指挥领域，就是非常强调标准作业程序（standard operation procedure，SOP），在情报侦察方面亦是如此。在情报运行流程融入作战指挥活动的情报作战运用过程中，美国陆军形成了极具特色的标准作业程序——战场情报准备。

1. **规范化的战场情报准备步骤**。战场情报准备是情报运行流程与作战指挥流程相互交链过程的情报作战运用。对应军事决策的"受领任务—分析任务—制定作战方案—推演作战方案—比较作战方案—批准作战方案—拟制下达命令"的七个程序步骤，战场情报准备主要有四步：明确作战环境—描述环境对作战的影响—评估敌方威胁—判明敌方作战方案。前者与后者步骤明确，对应关系清楚，军事决策指定步骤的输入牵引战场情报准备步骤的展开，同时，上一阶段战场情报准备步骤的输出将推动军事决策进入下一阶段步骤。美国陆军战场情报准备步骤与军事决策步骤的对应关系如图9-4所示。

输入	军事决策步骤	战场情报准备步骤	输出

输入
- 上级指挥部作战命令
- 上级指挥部情报通报
- 本级情报资料数据文件
- 传感器和搜集手段获取
- 多国情报组织提供
- 前沿部署部队报告
- 开源情报
- 商业情报产品
- 参谋团队作业
- 红队评估
- 指挥官输入

军事决策步骤
- 第1步: 受领任务
- 第2步: 分析任务

战场情报准备步骤
- 第1步: 明确作战环境
- 第2步: 描述环境对作战的影响

输出
- 敌方透明图
- 敌方描述表
- 综合障碍透明图
- 地形影响矩阵表
- 气象预报图表
- 光照数据表
- 气象影响矩阵表
- 民事关注事项文件
- 民事关注事项透明图
- 情报、监视和侦察行动与安全行动初始目标

战场情报准备步骤
- 第3步: 评估敌方威胁
- 第4步: 判明敌方作战方案

输出
- 态势模板
- 行动方案说明
- 高价值目标列表
- 事件模板
- 事件矩阵表
- 初始优先情报需和信息需求

输入
- 态势模板
- 行动方案说明
- 高价值目标列表
- 民事关注事项透明图
- 战斗信息报告和情报

军事决策步骤
- 第3步: 制订作战方案
- 第4步: 推演作战方案
- 第5步: 比较作战方案
- 第6步: 批准作战方案
- 第7步: 拟制下达命令

输入
- 态势模板
- 行动方案说明
- 高价值目标列表
- 民事关注事项透明图
- 事件模板
- 事件矩阵表
- 信息需求

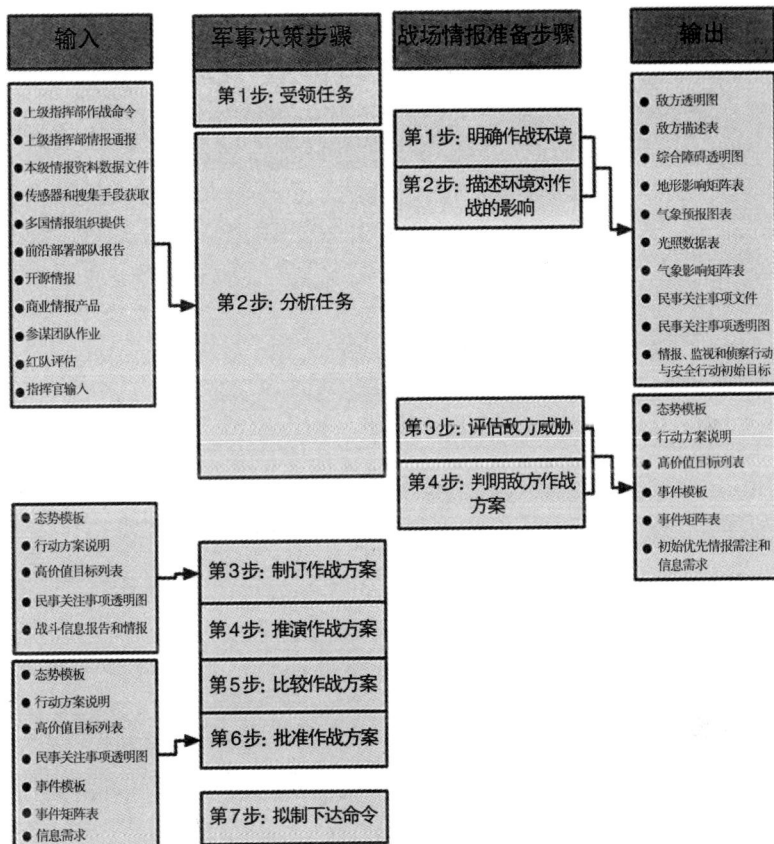

图9-4 美国陆军战场情报准备步骤与军事决策步骤的对应关系

2.标准化的战场情报准备内容。美国陆军战场情报准备四个步骤，即明确作战环境、描述作战环境影响、评估敌方威胁和判明敌方作战方案，每个步骤都严格标准化了其具体工作内容，以及经过每项工作流水线后形成的输出结果。例如，明确作战环境主要包括五项内容：一是确定指挥官的作战地域范围；二是确定指挥官的关注地域范围；三是确定作战地域和关注地域的显著特征，以便进一步分析；四是评估当前行动和已有情报，确定战场情报准备所需的其他信息；五是启动程序，获取完成战场情报准备所必需的信息。可见，其步骤明确且每一步骤的具体内容非常清楚，这种由前至后、逐层细分的工作内容，以类似工厂流水线作业一样将战场情报准备的内容展现得一清二楚，

是典型的标准化，值得世界其他国家学习借鉴。美国陆军战场情报准备的步骤及每一步骤的具体内容如图9-5所示。

步骤一：明确作战环境

1. 确定指挥官的作战地域范围
■通常由上级指定

2. 确定指挥官的关注地域范围
■本级情报部门提出建议　■指挥官批准/不批准　　■上级批准/不批准

3. 确定作战地域和关注地域的显著特征，以便进一步分析
■敌情　■地形　■气象　■民事关注事项

4. 评估当前行动和已有情报，确定战场情报准备所需的其他信息
■参谋人员确定的信息缺口　■参谋人员针对信息缺口提出合理假设

5. 启动程序，获取完成战场情报准备所必需的信息
■各参谋部门提交的信息需求和信息搜集请求

步骤二：描述环境对作战的影响

1. 描述敌方如何影响己方行动（产品：敌方透明图、敌方描述表）
■常规敌方　■非常规敌方　■混合敌方

2. 描述地形如何影响己方和敌方的行动（产品：综合障碍透明图、地形影响矩阵表）
■观察条件与射界　■通道　■关键地形　■障碍物　■掩蔽与隐蔽

3. 描述气象如何影响己方和敌方行动（产品：天气预报表、光照数据表、气象影响矩阵表）
■能见度　■降水　■温度　■气压　■风　■云量　■湿度

4. 描述民事关注事项如何影响己方和敌方行动（产品：民事关注事项表、民事关注事项透明图）
■政治　■军事　■经济　■社会　■信息　■基础设施　■物理环境　■时间

步骤三：评估敌方威胁

1. 识别敌方特征（产品：敌方数据文件）
■组成　■部署　■兵力　■战斗力　■条令与战术　■能力和限制　■历史数据　■当前行动　■其他

2. 创建或完善敌方模型（产品：敌方模板、高价值目标列表）
■将敌方的条令或行动模式转换成图表　■描述敌方战术、选择方案和特性　■确定高价值目标

3. 确定敌方能力（产品：敌方能力说明）
■使用清单确定敌方能力　■确定敌方其他能力

步骤四：判明敌方作战方案

1. 制订敌方行动方案（产品：态势模板、敌方行动方案说明）
■确定可能目标和最终状态　■确定敌方可用的全套行动方案　■评估敌方每个方案并确定优先级　■在时间允许情况下制订行动方案　■确定每个行动方案高价值目标　■确定每个方案初始情报搜集需求

2. 制作事件模板和矩阵表（产品：事件模板、事件矩阵表）
■评估每个行动方案，确定其指挥关注地域　■确定敌方不同行动方案可能发生的事件和地点差异性，并将这些地域合并到指挥关注地域　■评估时间阶段性　■评估决策点　■评估各种征候　■确定指挥关注区域

图 9-5　美国陆军战场情报准备的步骤及每一步骤的具体内容

3.**图表化的战场情报准备产品**。为了便于指挥官和参谋人员直观形象地理解战场情报准备每一步骤所形成的情报产品，美国陆军还特别强调情报产品的图表化、直观化。例如，在评估敌方的行动方案时，基于敌方作战条令，美军战场情报准备并不是简单提供文字资料描述，而是强调"将敌方的条令或行动模式转换成图表"，形成敌方模型和敌方模板，然后结合战场实际地形环境和当前任务，合理调整即可迅速得到当前敌军可能行动部署情况，直观形象地呈现给指挥官和参谋人员当前敌军部署预判图（即敌方态势）。美军陆军战场情报准备各步骤图表化情报产品如图9-6所示。

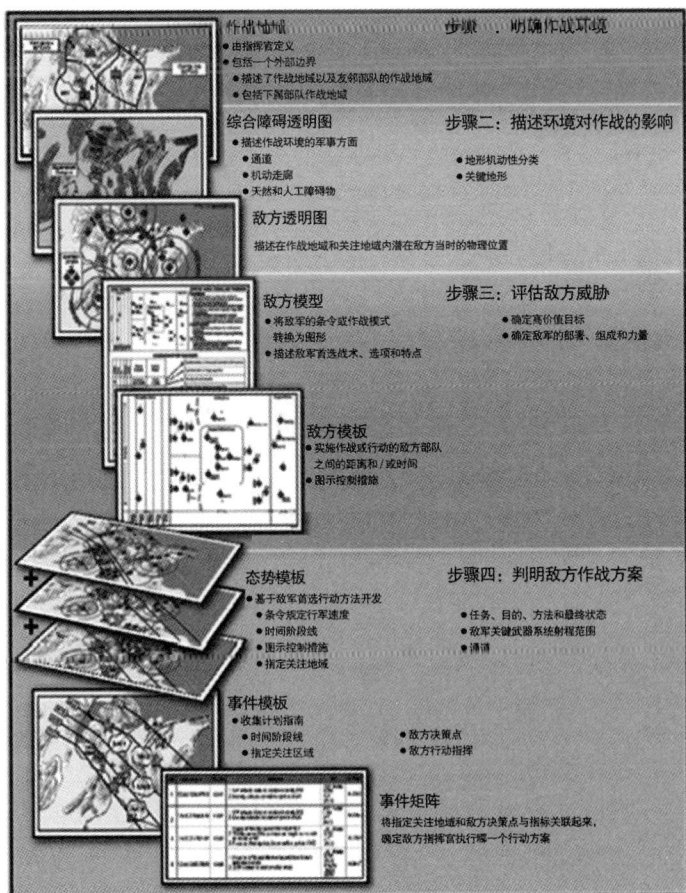

图9-6　美国陆军战场情报准备各步骤图表化情报产品

参考文献

1. 著作

[1] 毛泽东选集（第一卷、第二卷、第三卷、第四卷）[M].北京：人民出版社，1991.

[2] 中国人民解放军军事科学院.刘伯承军事文选 [M].北京：战士出版社，1982.

[3] 刘伯承指挥艺术编写组.刘伯承指挥艺术 [M].北京：解放军出版社，1984.

[4] 粟裕军事文集 [M].北京：解放军出版社，1989.

[5] 克劳塞维茨.战争论 [M].孙志新，译.北京：北京联合出版公司，2014.

[6] 张晓军.军事情报学 [M].北京：军事科学出版社，2001.

[7] 李耐国.军事情报研究 [M].北京：军事科学出版社，2001.

[8] 闫晋中.军事情报学 [M].北京：时事出版社，2003.

[9] 陈龙驹，赵胜萍.军事情报学 [M].北京：军事科学出版社，2005.

[10]肖占中，宋明武，胡宗云.军事情报学概论 [M].北京：海潮出版社，2006.

[11] 吕克谋．中外指挥艺术比较 [M].北京：解放军出版社，1996.

[12] 平志伟．中西方战术比较研究 [M].北京：国防大学出版社，2001.

[13] 万福明．中美陆军战术发展比较研究 [M].北京：军事科学出版社，2009.

[14] 王勇．中西方战役比较研究 [M].北京：国防大学出版社，1999.

[15] 张羽，王培良．中西方联合作战比较 [M].沈阳：白山出版社，2011.

[16] 张晓军，等．美国军事情报理论研究 [M].北京：军事科学出版社，2007.

[17] 张晓军．美国军事理论著作评价 [M].北京：时事出版社，2005.

[18] 张晓军．美国军事理论著作评价（第二辑）[M].北京：军事科学出版社，2010.

[19] 任国军．美军联合作战情报支援研究 [M].北京：军事科学出版社，2010.

[20] 翟晓敏，杨寿青．军事情报分析与预测 [M].北京:国防大学出版社，2000.

[21] 李景龙．美国情报分析理论 [M].北京：国防大学出版社，2010.

[22] 李景龙．美国情报分析理论发展研究 [M].北京：军事科学出版社，2014.

[23] 刘强，等．情报工作与国家生存发展：基于西方主要国家的历史考察与思考 [M].北京：时事出版社，2014.

[24] 柯春桥．世界主要国家军事改革史研究 [M].北京：军事科学出版社，2021.

[25] 高元新．美国情报文化研究：从思维行动到决策的透视 [M].北京：军事谊文出版社，2008.

[26] 陈海宏．美国军事史纲 [M].北京：长征出版社，1991.

[27] 王涛，胡向春．21 世纪美军情报转型研究 [M].北京：军事科学出版社，2019.

[28] 卡罗尔·帕金，克里斯托弗·米勒，等.美国史（上册、下册）[M].葛腾飞，张金兰，译.上海：中国出版集团东方出版中心，2013.

[29] 约翰·富勒.西洋世界军事史（卷二）[M].钮先钟，译.桂林：广西师范大学出版社，2004.

[30] 安德鲁·卡洛尔.美军战争家书 [M].李静滢，译.北京：昆仑出版社，2005.

[31] 詹姆斯·莫里斯.美国军队及其战争 [M].符金宇，译.北京：世界图书出版公司，2013.

[32] 彼得·博斯科.美国人眼中的第一次世界大战 [M].孙宝寅，译.北京：当代中国出版社，2006.

[33] 李德·哈特.第一次世界大战战史 [M].林光余，译.上海：上海人民出版社，2010.

[34] 李德·哈特.第二次世界大战战史 [M].钮先钟，译.上海：上海人民出版社，2002.

[35] 张锦炎.海湾战争情报工作 [M].北京：解放军出版社，1995.

[36] 马克·洛文塔尔.情报：从秘密到政策 [M].杜效坤，译.北京：金城出版社，2014.

[37] 戴维·卡门斯，等.美军网络中心战案例研究 3：网络中心战透视 [M].沐俭，译.北京：航空工业出版社，2016.

[38] 迈克尔·E.毕格罗.美国陆军情报简史 [M].田林，杜燕波，译.江阴：知远战略与防务研究所，2014.

[39] 约翰·麦格拉斯.侦察出击：现代陆军侦察部队的发展 [M].毛翔，黎素芬，译.江阴：知远战略与防务研究所，2014.

[40] 罗伯特·S.卡梅伦.机动侦察："一战"后美国陆军侦察部队编制与条令的发展（上册、下册）[M].毛翔，译.江阴：知远战略与防务研究所，2014.

[41] 詹姆斯·F.格伯哈特.后方之眼：美国陆军远程侦察与监视部队 [M].陈航辉，蓝凌魁，白承森，译.江阴：知远战略与防务研究所，

2014.

[42] 美国情报与安全司令部.侦察、监视与目标捕获：美军第 1 骑兵团第 2 中队战术标准作业程序 [M].付建明，译.江阴：知远战略与防务研究所，2014.

2. 研究报告

[1] 知远战略与防务研究所.二十一世纪的开源情报：新方法和新机遇.

[2] 知远战略与防务研究所.美国太平洋司令部联合情报行动中心业务流程模型.

[3] 知远战略与防务研究所.开源信息：情报的未来.

[4] 知远战略与防务研究所.美国陆军红队手册 9.0 版：改进决策指南.

[5] 知远战略与防务研究所."伊拉克自由行动"中的美国陆军旅骑兵中队.

[6] 知远战略与防务研究所.美国陆军指挥所手册·2013 版.

[7] 知远战略与防务研究所.开源情报研究：理论与实践（2019 年版）.

[8] 知远战略与防务研究所.美国高层如何应对情报领域面临的挑战和机遇.

[9] 知远战略与防务研究所.美军战场与战场空间情报准备手册.

[10] 知远战略与防务研究所.美国陆军情报分析手册.

[11] 知远战略与防务研究所.美国陆军情报和信息搜集行动研究.

[12] 知远战略与防务研究所.阿富汗战争的经验教训：战斗、情报和部队转型.

[13] 知远战略与防务研究所.美国陆军开源情报手册.

[14] 知远战略与防务研究所.美军联合特遣部队司令部组建与编组.

[15] 知远战略与防务研究所.美国陆军保障·2020.

[16] 知远战略与防务研究所.美军简明手册.

[17] 知远战略与防务研究所.解开重心的迷雾：对美军条令中重心的看法.

[18] 知远战略与防务研究所.美军联合出版物 JP 3—31：陆上联合作战.

[19] 知远战略与防务研究所.保持情报优势：通过技术创新重塑情报体系.

[20] 知远战略与防务研究所.美国陆军作战概念 2016—2028.

3. 外文资料

[1] JP 1.Doctrine for the Armed Forces of the United States. 25 March 2013.

[2] JP 2-0. Doctrine for Intelligence Support to Joint Operations. 9 March 2000.

[3] JP 2-0. Joint Intelligence. 22 June 2007.

[4] JP 2-0. Joint Intelligence. 22 October 2013.

[5] JP 2-01. Joint and National Intelligence Support to Military Operations. 5 July 2017.

[6] JP 2-03. Geospatial Intelligence in Joint Operations. 5 July 2017.

[7] JP 3-0. Joint Operations. 11 August 2011.

[8] JP 3-0. Joint Operations. 17 January 2017.

[9] JP 3-16. Multinational Operations. 1 March 2019.

[10] JP 3-31. Joint Land Operations. 24 February 2014.

[11] JP 3-33. Joint Task Force Headquarters. 31 January 2018.

[12] JP 3-35. Deployment and Redeployment Operations. 10 January 2018.

[13] JP 4-0. Joint Logistics. 4 February 2019.

[14] JP 5-0. Joint Planning. 16 June 2017.

[15] ADP 1-02. Terms and Military Symbols. 14 August 2018.

[16] ADP 2-0. Intelligence. 31 July 2019.

[17] ADP 3-0. Operations. 31 July 2019.

[18] ADP 3-07. Stability. 31 July 2019.

[19] ADP 3-28. Defense Support of Civil Authorities.31 July 2019.

[20] ADP 3-90. Offense and Defense. 31 July 2019.

[21] ADP 4-0. Sustainment. 31 July 2019.

[22] ADP 5–0. The Operations Process. 31 July 2019.

[23] ADP 6–0. Mission Command: Command and Control of Army Forces. 31 July 2019.

[24] ADRP 2–0. Intelligence. 14 August 2012.

[25] FM 2–0. Intelligence Operations. 6 July 2018.

[26] FM 2–19.4. Brigade Combat Team Intelligence Operations. 25 November 2008.

[27] FM 2–22.3. Human Intelligence Collector Operations. 6 September 2006.

[28] FM 3–0. Operations. 6 October 2017.

[29] FM 3–16. The Army in Multinational Operations. 8 April 2014.

[30] FM 3–57. Civil Affairs Operations. 17 April 2019.

[31] FM 3–90. 2. Reconnaissance, Security, and Tactical Enabling Tasks. 22 March 2013.

[32] ATP 2–01. Plans Requirements and Assess Collection. 19 August 2014.

[33] ATP 2–01.3. Intelligence Preparations of the Battlefield.1 March 2019.

[34] ATP 2–01.3. Intelligence Preparations of the Battlefield. 6 January 2021.

[35] ATP 2–22.4. Technical Intelligence. 4 November 2013.

[36] ATP 2–22.7. Geospatial Intelligence. 26 March 2015.

[37] ATP 2–22.8. Measurement and Signature Intelligence. 30 May 2014.

[38] ATP 2–22.9. Open–Source Intelligence. 30 June 2017.

[39] ATP 2–22.31.Human Intelligence Military Source Operations Techniques. 17 April 2015

[40] ATP 2–22.82. Biometrics–Enabled Intelligence. 2 November 2015.

[41] ATP 2–33.4. Intelligence Analysis. 18 August 2014.

[42]ATP 2–91.7. Intelligence Support to Defense Support of Civil Authorities. 29 June 2015.

[43] ATP 2–91.8. Techniques for Document and Media Exploitation. 5 May 2015.

[44] James Bradford.Atlas of American History[M].Oxford:Oxford University Press,

2003.

[45] Jeremy Black.America as a Military Power: from the American Revolution to the Civil War[M]. Westport: Praeger, 2002.

4. 慕课（MOOC）

[1] 贾珺 . 美国军事史：1775—1945. 北京：北京师范大学历史影像研究中心，2020.

5. 参考网站

[1] 美国情报界网站：http://www.intelligence.gov/.

[2] 美国国防部网站：http://www.defenselink.mil/.

[3] 美国国防情报局网站：http://www.dia.mil/.

[4] 美国陆军网站：http://www.army.mil/.

[5] 美国陆军条令出版物网站：http://armypubs.army.mil/.

[6] 美国军事史陆军中心网站：http://www.army.mil/cmh-pg/.

[7] 美国陆军训练与条令司令部出版物：http://www.tradoc.army.mil/. publica.htm/.